Mayumi Yasuda

そろそろ親と
お金の話をしてください

ポプラ新書
186

はじめに

私は銀座で、「元気が出るお金の相談所」を開設しています。これまで24年にわたり、マネーセラピストとしてお金にまつわる相談を受けてきました。

家計管理、老後マネーとライフプラン、離婚後のお金問題、おひとり様の老後プラン、高齢者の財産管理、相続などご相談の内容はさまざまですが、みなさんに共通しているのが、かなり事態をこじらせてからご相談に来られることです。もう少し早ければ、早く良い結果が出ただろうになぁと思うようなことがしばしばあります。相談者ご自身も「もっと早く相談に来ればよかった……。ひとりで悩んでいた時間がもったいなかった」とおっしゃる方が多いのです。

特に近年増えている認知症対策や相続の問題に関しては、もう崖っぷちギリギリの状態、場合によっては崖からの落下が始まっているのではないかというくらいの状態で相談に来られる方が多いです。

あと1年、いえ半年でも早く相談してくだされば、ご家族が幸せになる対策や解決方法が、もっといろいろあったのに……と残念で、とても悔しい思いをしています。

ひとりで何とかしようと思っていたのか、問題に向き合わずに先送りしていたのか、誰に相談してよいのかわからなかったのか、事情はそれぞれあると思いますが、ギリギリの状態になってしまっては誰も幸せにはなりません。

とくに認知症対策の財産管理や相続の問題に関しては、「早期発見・早期治療」が大切なのです。なぜなら、一旦ことが起きてしまうとリカバリーできない場合が多いからです。

親が認知症になって資産が凍結されてからでは、時すでに遅し！　です。いくら親に資産があろうとも、そのお金を暮らしに見合った介護や医療に使えなくては意味がありません。親のお金を使わずにそれを実現しようとすれば、子どもたちが介護を担い、介護費用の捻出のために四苦八苦することになるのです。介護に携わるきょうだいと携わらないきょうだいの間でのトラブルも発生してきます。誰も幸せにはなれない事態が待っています。

また、同じく親が亡くなってしまってから、相続のことを考えても遅すぎます。事前準備がないままだと、遺産分割の際にきょうだい間でもめてしまうケースが多いのです。

「それは資産が何億もある人たちの話でしょ。ウチには関係ない」と思うかもしれません。しかし現実には、相続でもめる家族の約8割が5000万円以下の遺産で争っており、1000万円以下の家族も3割強、というのが実態です。遺産額が多いからもめるというわけではないのです。けっして「ウチは大丈夫。関係ない」などと言っていられないのです。

相続が「争族」の種になる。これが私の実感です。どんなに仲がいいと思っていたきょうだい、家族でも、相続や介護の準備が不足していると、後味の悪い問題が起こります。

そうならないためには、どうすればいいのでしょう。書店には、「上手な遺産の分け方」といったタイトルの相続の指南本が多く並んでいます。でも、それはほとんどが親が亡くなってからの話ですね。それも大事な情報ではありますが、「争族」の種は、親が亡くなる前の「介護」の時から蒔《ま》かれています。その介護をどう乗り切るかで、相続がスムーズにいくかどうかが大きく変わっていくのです。

たとえば、親の介護に専念することになって、パートを辞めざるを得なかったとしましょう。当然、収入が減り、場合によっては、貯蓄の切り崩しが必要になるかもしれません。それだけではありません。介護にかかる費用は、介護保険で賄える範囲で収まるわけではありません。介護をするために移動する際の交通費、介護者の食事代、おむつ交換に必要になるゴム手袋、おしりふき、消臭剤、日に何度も洗うシーツの替えや洗剤等、こまごまとした諸雑費がどんどん出ていきます。

それを親のお金で賄えれば問題はありませんが、事故や病気などで親が判断能力や意思を示す力を失ってしまっていると、親の貯金は下ろせなくなります。となれば、子どもが負担するしかないですね。家計はどんどん圧迫されます。収入が減っているうえに、立て替えたり負担したりする費用がかさんでくれば、やがて、「介護破綻」という事態を招くことも……。

介護費用は、きょうだいがいれば、分担し合えるかもしれませんが、介護を担った人の収入減まで補い合えるでしょうか？　事前にきょうだい間で話し合いがなされていれば別ですが、突然介護に巻きこまれた場合など、後から、収入が減っている分を補ってほしいと言ったところで、「何もそこまでして、自宅で介護してほしいとは言っていない」と言われてしまうのがオチです。

介護した親が亡くなって、いざ相続が始まった際に、介護をしたことで立て替えた分は遺産から支払われるとしても、収入が減った分について、分割の上乗せは可能だと思いますか？　ほかのきょうだいが納得すると思いますか？

もちろん、すべての親が要介護になるわけではありません。最期まで元気なまま、ある日突然、旅立っていく人もいるでしょう。しかし、そこでもまた問題が起きないとも限らないのです。

親が、生前にアパート経営などをしていたので「財産は十分あるはず」と思っていたのに、亡くなってからアパート経営を整理してみたら、銀行からの借入金がまだたくさん残っていた……ということもあります。

こうしたトラブルや問題は、親が亡くなる前、介護状態になる前に「準備」ができていれば避けることができますし、親も子どもたちも、家族全員が幸せになるような相続が実現できるのです。

その「準備」とは何か。

それは、親が元気なうちからちゃんとコミュニケーションをとって、介護の要望や相続の話までしておくこと。そして、それをきょうだいで共有して、そうなった場合にどうするかを家族で話し合っておくことです。もちろんその話し合いの中で、大事な親のお金の話もします。その上で、急な病気やけがで寝たきりになっても親のお金を動かすことができるようにしておくこと。ここまでが、大事な準備になります。

日本人はとくに、お金について話すことを嫌がる人が多いようです。だから、実は親のお金のことが気になっていても、聞きづらいからといって先送りにしてしまう。

断言します。先送りにして、いいことは1つもありません。準備は早ければ早いほどいい。いざとなってからでは、遅すぎます。「おやじもおふくろも年を取ってきたな」と感じたら、今すぐ親とお金の話をする準備を始めてください。

親とお金の話をするのは、正直、大変です。子どもの思うような回答はすんなりとは得られません。親の財産を把握して、認知症になっても財産管理がスムーズに行えるようにするには、時間がかかるのです。なので、この本のタイトルは、『そろそろ親とお金の話をしてください』となっていますが、実は「一刻も早く、お金の話ができる準備に取り掛かってください！」という気持ちで書いています。

うまく話を進める自信がない、はたして親がお金のことを話してくれるだろうかと不安に思う方も多いでしょう。私のもとを訪ねてこられる方たちも、同じようにおっしゃいます。

でも、大丈夫。「やり方」さえ間違えなければ、必ずうまくいきます！

その方法を、ひとりでも多くの方に知っていただきたい。そういう思いでペンを取りました。

私自身、舅と実父を看取り、現在は認知症の姑と心臓病を抱える実母の介護の真っ最中。お金の専門家だと言いながら、お金の問題はやはり、なかなかやっかいです。でもその経験があるからこそ、相談者の方たちのお役に立つことができているという自負があります。

今まで、のべ7000人のご相談にかかわってきた中で、相談者の問題解決のプロセスから、いろいろなケースを学ばせてもらいました。

タイトルに目が留まり、この本を手に取ってくださった方は、心の中のどこかに「そろそろ……」という思いがあるのではないでしょうか。ぜひ、本書を活用してください。何かしら、ヒントを見つけていただけるはずです。

そろそろ親とお金の話をしてください／目次

第4章　「親のお金」を守る制度の活用法　115

第5章　絶対避けたい「相続トラブル」の防ぎ方

編集協力　鈴木裕子

第1章

「親のお金」のまわりは危険がいっぱい!

シニアマネーを狙う犯罪

「高齢者ほど金持ち」とよく言われます。実際は、どうなのでしょう。「平成30年版高齢社会白書（概要版）」によると、2人以上世帯の貯蓄現在高の平均値は1820万円。対して、世帯主が60歳以上の世帯のそれは2385万円と、約1・3倍です。さらに、同世帯では貯金現在高が4000万円を超える世帯は約18・6%。つまり、5世帯のうち約1世帯は、4000万円以上の貯えがあるというデータです。が、これはあくまで、平均という数字上のこと。ひとり暮らしの高齢者（65歳以上）世帯は、無年金や低年金の世帯が多く、生活保護を受ける人は増え続けています。私の感触では、お金のある資産家の方の貯蓄額が影響して、実際よりは多い数字のような気がします。

いまの60代は退職金などの上乗せがあるものの、教育資金で使い果たす人もいますし、まだまだ教育ローンや住宅ローンの支払いが続くために、定年退職後も働かざるを得ない状況にあります。再雇用、再就職では、それまでの給与に比べて半分近くに減収。そのため、退職金を取り崩す家庭も多く、老後資金となる預貯金は、少ないのが現状です。

しかし、団塊世代以上の年代ですと、前述のデータに近い資産を保有しているのは間違いなさそうです。だとしたら、この先、親が要介護の身となっても、子ども世代に負担がかかることはないだろう。そう思うかもしれません。

しかし、お金があると思えばそれを狙う人たちがいるもの。その最たるものが、オレオレ詐欺や架空請求といった特殊詐欺を働く輩《やから》です。

特殊詐欺の被害件数は依然として増え続け、警察庁の発表（広報資料「令和元年上半期における特殊詐欺認知・検挙状況等について」）によれば、２０１９年上半期の特殊詐欺の認知件数は全国で８０２５件、総被害額は１４６億１０００万円。件数、被害額とも前年同期に比べると減っていますが、それでも１日あたり約８０６９万円が騙し取られているというのが現状です。

そして、被害者に占める高齢者（65歳以上）の割合は82・２％。おもに親族を装って騙す「オレオレ詐欺」に限ると、97・２％が高齢者。詐欺グループが、最初から高齢者を狙っていることは明らかです。

一般的には「詐欺の被害に遭うのは認知症の人だろう」というイメージが強いようですが、必ずしもそうではありません。警察庁発表の別のデータでは、認知能力があり、なおかつ「どちらかといえば」を含め「自分は被害に遭わないと思っていた」という人が95%もいました。

つまり、高齢者の誰もが特殊詐欺の被害に遭う可能性があるのです。「うちの親に限って」などとのんきに構えてはいられません。

先日、私が相談を受けていたMさん（50代・男性）のもとを訪ねていた時のことです。Mさんの70代の母親も含め3人で話をしていると、電話がかかってきました。母親が受話器を取り、言葉を交わしているので、私たちは彼女の知り合いからの電話だと思っていました。ところが、彼女が「ああ、ここにいるけど」と、振り返って息子の顔を見ながら電話の相手に言っているのです。

「！」

Mさんと私は、目を合わせました。電話の相手が「オレオレ、オレだけど」と言ったに違いありません。

「母さん、それは詐欺だよ！」

幸い、息子本人がその場にいたので彼女は難を逃れましたが、詐欺の電話はこんなふうに普通にかかってくるのだと私はあらためて思いました。しかも、彼女は同年代の中でも「しっかりしている人」なのに、その電話に明らかに動揺していたのです。

ごく普通に暮らしている高齢者でも詐欺グループに狙われ、しかも高い確率で騙されてしまう。これほどオレオレ詐欺についてのニュースが流れ、警察や自治体も「詐欺に遭わないように」と注意を喚起しているのにもかかわらず、多くの高齢者が被害に遭い続ける背景には、詐欺の手口がますます巧妙化していることがありますが、それだけではありません。詳しくは後の章でも述べますが、高齢者特有の心理が働いて「まんまと」騙されてしまうのです。

うちの親は貯金がたくさんあるから大丈夫だろう、などと安心してはいられません。一瞬にして失う可能性もあるのだと、肝に銘じておいてください。

点検商法、健康食品……すぐそこにある危機

オレオレ詐欺と並んで、よく耳にするのが「点検商法」。住宅を訪問して「無料で点検しますよ」と言いながら、実際には必要のない高額な工事や商品を買わせる悪徳商法です。これも、ターゲットは高齢者。悪徳商法かもしれないと気づいたら、消費生活センターなどに問い合わせてみましょう。契約の申し込みや契約の締結をした場合でも、一定の期間であれば無条件で撤回したり、契約を解除したりできる「クーリング・オフ制度」があります。これを使って手続きをすれば、騙されたお金が戻ってくる可能性があります。

また、その制度を知っていたとしても「クーリング・オフができないと契約書に書いてあった」とか、「業者が、これはクーリング・オフができない契約だからと言ったので、できないものだと思った」と言う人は多いのです。クーリング・オフは消費者保護のための法制度なので、もし契約書内に「クーリング・オフは不可」などと書かれていても、問題なく行うことができますし、違約金などを支払う必要もありません。高齢者の場合は、こうした情報が不足し

ているために、泣き寝入りしてしまうことが多いようです。

点検商法は基本的に、人の弱みにつけこんだものです。近年、気候の変動によって大きな災害に見舞われることが多くなりましたが、そのタイミングを狙って「雨樋が壊れている」「屋根が傷んでいる」と言っては、業者を装った人間が家を訪ねてきて「住宅の火災保険を利用して無料で修理できる」という誘い文句で、屋根の修理や耐震工事、外壁塗装を勧めてくるケースが、とくに増えているようです。実際、壊れたり傷んだりしていれば、早く直したいと思うのが人の常ですから、保険金の範囲内で工事してもらえるなら、なおさらいい話だと思って、依頼してしまうのです。

ですが、実際には、点検業者が保険会社への保険金請求を代行することで、高額な手数料を請求してくることがありますし、相場よりもはるかに高額な工事代金を取られることもあります。中には、保険金が払われたのに、なかなか修理が始まらないということもあるのです。とくにひとり暮らしの方が狙われやすいのは、相談する相手がいないのを彼らは知っているからです。親としては子どもに頼らず、なんとかこの家をひとりで守りたいという気持ちがあるので、「万が一に備え、防災のために」と言われれば、必要以上にお金をかけてしまったり、場合によってはしなくてもいい工事をしてお金を失ってしまうというわけです。子どもがいても、子どもに迷惑はかけられないと思っている親心につけこんだ商法だと、私はつい憤ってしまうのですが……。

親がお金を減らしてしまう原因は、詐欺や悪徳商法だけではありません。親自身がよかれと思ってすることで、積極的にお金を減らしているケースもあります。たとえば、健康関連の器具や食品の購入です。

人々の健康意識が高まるなか、健康関連産業は真っ盛り。とくに「歩けなくなる」や「寝たきり」を恐れる高齢者は最大のマーケットで、やれ青汁だ、グルコサミンだ、サメの軟骨だと新しい商品が次々に登場します。もちろん商売そのものはまっとうで、健康の増進には役に立つものが多いのでしょう。

しかし、本当にそれが必要なのかどうか？　そういう商品の価格は決して安くはありません。費用対効果がどれだけあるのかは、正直わかりかねます。

高齢者は、たとえ認知能力がしっかりしていても、いえ、逆にしっかりしていて健康意識が高いだけに、それらに必要以上の投資をしているのかもしれません。実際、私も「一生涯歩ける体づくり」などといううたい文句の健康器具や健康食品には、心が揺れます。なので、購入したい気持ちはわかるのですが、安くなるからと定期購入を勧められて、結局は大量の飲み残しが出てしまうのを見聞きすると「（お金とサプリメントが）もったいないなあ」と感じてしまうのです。

儲かるはずが、かえって損をすることも

もったいない、損をしたくない。これは私の口ぐせですが、お金のプロとしてはやはり、誰かが「しなくてもいい損」をしているのを見るのはつらいものなのです。

最近、気になっているのは、生命保険も含む金融商品です。２０１９年に、かんぽ生命保険が高齢の契約者に不適切な販売を繰り返していたことが発覚した時は、大きな憤りを覚えました。日本人、とくに70代以降の人たちは金融機関をあまり疑わないようですし、とくにもともと郵政の事業は国営だっただけに「かんぽ生命なら安心」と思っていたでしょう。そういう「信用」を利用したやり方に、他人事ながらとても腹が立ちました。実は、このかんぽ生命のような手口での販売方法は以前にもあり、初めてのケースではありません。そして、今回のようなことが今後も起こらないとは言い切れないと思います。

私は何も、金融商品がすべて悪い、高齢者を騙していると言いたいわけではありません。ただ、たとえ生命保険であっても「金融商品」を購入する際には、それについてのリスクを知って、慎重に検討してほしいと思うのです。

金融機関は、金融庁が認可した商品しか扱えないので、基本的に人を騙すような商品はありません。ただ、万人向けの商品というものはないのです。投資に対して、的確な判断ができる人と、金融リテラシーが低く投資の判断力が弱い人がいます。購入する人に見合う商品かどうかによって、商品の持っているリスク以上のリスクを被る場合があるわけです。

残念ながら、その憂き目に遭うのはやはり、お金を持っている高齢者。たとえば、長年続けてきた定期預金が満期になるからと銀行の窓口に行くと、「定期預金の代わりにこういう商品があるんですよ」と投資信託や保険商品を勧められたりすることがあります。

投資信託は、基本的に元本保証のない金融商品です。金融リテラシーの高い人が自覚的に買うならいいでしょう。しかし、金融知識もなく「ハイリターンだから」と勧められるまま（ハイリターン商品はハイリスクを伴う商品でもあることを知らずに）投資に手を出せば、1円も増えないどころか、元本割れする可能性は大いにあります。定期預金の代わりにはなりません。

ある相談者Nさんのケースです。銀行で、金利の高い定期預金と投資信託を抱き合わせた商品を勧められました。「100万円を定期預金にし、もう100万円で投資信託を始めれば、定期預金の金利を上げる」という「投資信託セットプラン」の商品です。「金利が上がる」と聞けば、誰だって「お、いいな」と思いますよね。Nさんも心が動きました。それでも大切な虎の子を預けるにあたって、本当に増えるのかどうか心配になり「投資信託がセットになっているのが気になって」とご相談に見えました。

その金融機関が配布しているチラシをNさんと一緒に精査してみることにしました。

定期預金は投資信託の購入金額以内になること、そして「円定期預金　3か月もの　年3・6%」と書いてありました。Nさんは、「3・6%」だけを見て、100万円預ければ1年で利息が3万6000円になると思っていたのです。

チラシには、銀行の税引き後の利息計算も小さく表示されていました。

100万円を預け入れた場合の計算式として、

●100万円×3・6%×92日÷365日＝9073円（税引き前利息）

●9073円－1842円（税金）＝7231円（税引き後利息）

Nさんは、勘違いしていたものの、100万円預けて3か月で7231円の利息が得られるのであれば、やはりお得なのでは……と、この時点では心が傾いていました。

問題は、投資信託にかかる手数料です。

チラシには「投資信託の購入金額には購入時手数料、消費税を含みます」とあります。つまり、100万円で投資信託を購入したとしても、100万円が投資額になるわけではないのです。さらに投資信託は保有している間ずっと「信託報酬」が引かれます。それも計算に入れなければなりません。

定期預金とセットで販売される投資信託の手数料は高く設定されている傾向があり、チラシには「購入手数料（最大）は、3・24％、運用管理費用（信託報酬）は最大年率2・052％程度」とありました。

最初の1年間で考えれば、単純計算で100万円×（3・24％＋2・052％）＝5万2920円が、経費としてかかるということになります。つまり、最初に手にする7231円の利息収入などは、この時点で吹き飛んでいるわけです。

運用成績が良ければいいじゃないかと思うかもしれませんが、毎年2％もの「信託報酬」を払って購入した投資信託でプラスになるような投信商品を見つけるのは、そう簡単ではありません。ましてや投資経験のない高齢者にとっては、トータルでプラスにすることは非常に難しいはず。その上、もし投資信託の分が元本割れしてしまったら、目も当てられません。

投資ですから、気長に持ち続けていたら儲かることもあるでしょう。でも、本人は高齢者。いくら人生100年時代といっても、全員が100歳まで生きられるわけではありませんし、その途中で認知症を発症するかもしれません。そうなれば、お金を使う楽しみがなくなってしまいます。

繰り返しますが、はなから人を騙そうという違法な商品を、銀行で販売することはありません。ただ、こうした「定期預金＋投資信託」といった商品が、はたして高齢者に「勧めてもよい商品」なのかは、はなはだ疑問です。商品自体は合法だったとしても、高齢者には、誤解を生むような複雑でリスクの見えない商品は、アンマッチではないか、というのが私の考えです。

また、ここ最近は、銀行などの金融機関が、高齢者に貯蓄性の高い生命保険を積極的に勧めているような気がします。ご相談の中でもその話はよく出ます。

先日、姪御さんと一緒にお見えになった90歳のシングルの女性Sさんが、5

000万円を超える一時払いのドル建て生命保険に、銀行で勧められるままに入っていました。ドル建ての商品は、銀行利息よりも確実に増えるという説明があったようですが、それはあくまでドルベースでのこと。円に換えると為替の状況次第では元本を割り込んでしまう可能性があります。ドルベースで増えたからといって、為替をにらんで、「このタイミングで解約すれば保険料として払い込んだ原資は増える……」というような細かなことをやれる金融リテラシーがある方ではありません。

Sさんはほかにも資産があり、その保険で増やさなくても、保険に払い込んだ資金を合わせれば、生涯使いきれないほどの資産の持ち主です。ですから、この加入した保険は、彼女にとって何も意味をなさないものなのです。Sさんの場合は、保険に入るのではなく、行き届いた介護を受けられる老人ホームへの入居金などに、その資金を使うべきでした。

そんな彼女の事情を顧みずに、銀行の保険代理店部門が販売したわけです。

「手数料稼ぎ？」という言葉が頭をよぎりました。

こうしたカラクリをすべて承知の上で、投資信託や保険商品を購入するのならいいのです。ただ、それが高齢者にとって理解しづらいものであったり、今後の生活にとって優先順位の低いものであれば、それはアンマッチであり、大切な貯えが目減りする危険をはらんでいるということを、知っておいていただきたいと思うのです。

「孫のため」の思いがアダに

コツコツ貯めてきた資産を「かわいい孫のために使ってほしい」と願う人のために、「教育資金の贈与」という制度があります。

資産を次の世代に引き継ぐ方法として代表的なのは相続と生前贈与ですが、資産を贈られた側には納税義務が発生します。ただし、生前贈与には、次の世代の生活や将来に役立つ目的での贈与に限り、認められている大きな非課税枠があります。その1つが「祖父母などから教育資金の一括贈与を受けた場合の贈与税の非課税制度」というものです。当初、この制度は2019年3月までという期限付きの制度でしたが、2021年3月まで延長されることが決まっています。

非課税の枠は、受贈者（資産を贈られる人）ひとりあたり1500万円。段取りとしては、まず銀行や信託銀行で「教育資金口座」を開設し、資金を預け入れます。そして資金を払い出す時は、金融機関へ領収書などを提出する、というものです。教育資金として適用となるのは、学校（幼稚園〜大学院、専修学校や各種学校、保育園など）に直接支払われるものと、学校外（通学定期代や留学渡航費、学習塾、野球やピアノなどスポーツ・文芸活動の指導料など）に支払われるものがあります。

制度適用にはいくつか条件があるものの、「孫に納税という負担をかけることなく、資産を譲りたい」と考える人にとって、また自分の経済力では我が子を大学に通わせるのがむずかしいと感じている親にとっては、願ってもない制度でしょう。

ただ、契約の終了時（孫が30歳に達した時など）までに1500万円を使い切れなかったら、残った分は祖父母からの贈与となり、孫は贈与税を払わなければなりません。また、祖父母が難病になり「医療費が必要になったので、口座を解約したい」と思っても解約することはできません。そういう点では、決して使い勝手がいい制度ではないのです。

それを考えると、わざわざ教育資金口座をつくらなくても、必要な時に必要な金額を渡せばいいのではないかと思ってしまいます。というのも、もともと教育資金や生活資金であれば、その贈与には贈与税がかからないとされているからです。祖父母が孫に「大学の入学金に」と渡し、孫がそのためにお金を使えば、孫は贈与税を払う必要はありません。学校以外の塾や予備校に通う資金、生活費も同様です。

国税庁のタックスアンサー「贈与税がかからない場合」に、次のように書かれています。

2　夫婦や親子、兄弟姉妹などの扶養義務者から生活費や教育費に充てる

ために取得した財産で、通常必要と認められるもの

ここでいう生活費は、その人にとって通常の日常生活に必要な費用をいい、また、教育費とは、学費や教材費、文具費などをいいます。

なお、贈与税がかからない財産は、生活費や教育費として必要な都度直接これらに充てるためのものに限られます。したがって、生活費や教育費の名目で贈与を受けた場合であっても、それを預金したり株式や不動産などの買入資金に充てている場合には贈与税がかかることになります。

それでも、自分がもっと高齢になったり、病気になってしまったら孫を祝いたくても祝えない、元気なうちに孫の喜ぶ顔を見たいからと、銀行にお金を預けてしまう。私自身、孫を持つ身ですから、その気持ちはわかります。

でも、いくら非課税枠だからといっても、そこで500万円なり1000万円なりを手放してしまうと、それは何があっても戻りません。孫のために張り

切って資金援助しても、それによって祖父母自身の家計が苦しくなったら元も子もないでしょう。

まずは高齢者本人と配偶者の生活資金および、先々にかかるであろう資金を確保した上で、口座を開設するかどうか検討しましょう。そして、開設する場合は無理のない援助額を決定することが大切です。

ここまで読んで気づいた人もいるかもしれませんが、祖父母、つまり自分の親が、リスクも顧みず資金援助型の口座を開設したりするのは、子どもに代わって孫の援助をするため。つまり、子どもの負担を少しでも軽くするためです。しかし、子どもの側が何も考えずにそれをただ「ありがたや」と受け取っていると、後で痛い目に遭うかもしれません。そうやって親が自分のお金を手放してしまった後に、万が一、病気になった時の医療費や、やがてやってくる介護の費用を誰が負担することになると思いますか？

無意識のうちに親のお金をアテにしていないか、その結果、どうなるのか。親から申し出があった際にはもう少し先のことまで、あらためて考えてみる必要がありそうです。

いま元気でも油断は禁物！

前項で、親が「万が一、病気になった時」と言いましたが、現実には「万が一」などと言ってはいられません。病気やケガ、入院のリスクは高齢者ほど高くなります。老化によって筋力体力が衰えるのですから、当然のことでしょう。病気やケガで入院となれば医療費がかかります。入院時にかかる費用（治療以外）としては、次のようなものが挙げられます。

●差額ベッド代（1日あたりの平均6188円・厚生労働省資料）
●入院中の生活必需品の購入費
●お見舞いや付きそいなどの交通費、食事代
●友人知人のお見舞いに対するお礼

高齢者の入院が怖いのは、入院が長期化することが多いからです。ひとり暮らしをしている実母も83歳の時に立ちくらみから、転倒して右肩を粉砕骨折し、

リハビリを含めた入院は、1か月を超えました（心臓病も抱えているため、同様のケースより長かったのです）。その後は、リハビリでの通院をと言われましたが、退院してもひとりで暮らすこともままなりません。結局、リハビリ期間中は、看護師をしている長野の妹の家で暮らすことになりました。

後期高齢者で、4人部屋への入院でしたので、入院費用は、20万円もかかりませんでしたが、私たち娘が、入院、リハビリのための転居等で、長野と東京を行き来した費用や、妹のところからリハビリに通う費用、妹家族への生活費の支払いなどを含めると入院費用を超える結構な額になりました。

昨年、友人の母親（82歳）が、足の骨折で3週間入院したのだそうですが、退院時には、「認知症が始まってしまった」と嘆いていました。高齢者の場合、入院によって長期に寝たきりの状態が続くと、その病気だけでなく、認知症への発症リスクも抱えることになるのだと、あらためて実感しました。

このように、高齢者はいつ何どき、思わぬ額の出費に見舞われるかわからないのです。いま元気でも油断はできません。認知症にしても、65歳を超えるとリスクはぐっと高まってきます（41ページ・図表１）。

認知症になると、遅かれ早かれ要介護状態になります。介護にかかる費用についてはｰ「はじめに」でも触れましたが、もう少し具体的に見ていきましょう。

公益財団法人生命保険文化センター「生命保険に関する全国実態調査」（平成30年度）では、介護に要した費用（公的介護保険サービスの自己負担費用を含む）のうち、一時的な費用（住宅改造や介護用ベッドの購入などの費用）の合計額は、平均69万円。一時的な費用の分布を見ると、「かかった費用はない」が15・８％、「15万円未満」が19％と、比較的費用がかかっていない割合が多くなっています。

要介護度別にみると、介護費用（一時的な費用の合計）は「要介護３」が93万円で最も高くなっています。

次に、介護に要した費用のうち、月々の費用（月々払っている、もしくは支払っていた金額）を見ると、１か月あたりの平均は７・８万円。月々の費用の分布では、「15万円以上」が15・８％で最も多く、次いで「５万〜７万５００

0円未満」が15・2％、「1万～2万5000円未満」が15・1％、「10万～12万5000円未満」が11・9％となっています。

介護費用は、介護されている人がどういう状態で介護を受けているかによっても変わってきますが、一般的には、介護度が重くなるにつれ、介護保険では賄いきれない介護用品の購入やサービス、人的な補助等も必要になりますので、金額は上がっていきます。

介護保険で利用できるサービスには、要支援1～2と認定された人が利用できるサービス（予防給付）と要介護1～5と認定された人が利用できるサービス（介護給付）があります。

大きく分けると、

●介護サービスの利用にかかる相談、ケアプランの作成
●自宅で受けられる家事援助等のサービス
●施設などに出かけて日帰りで行うサービス
●施設などで生活（宿泊）しながら、長期間または短期間受けられるサービス

図表1●65歳以上の認知症患者の推定者と推定有病率

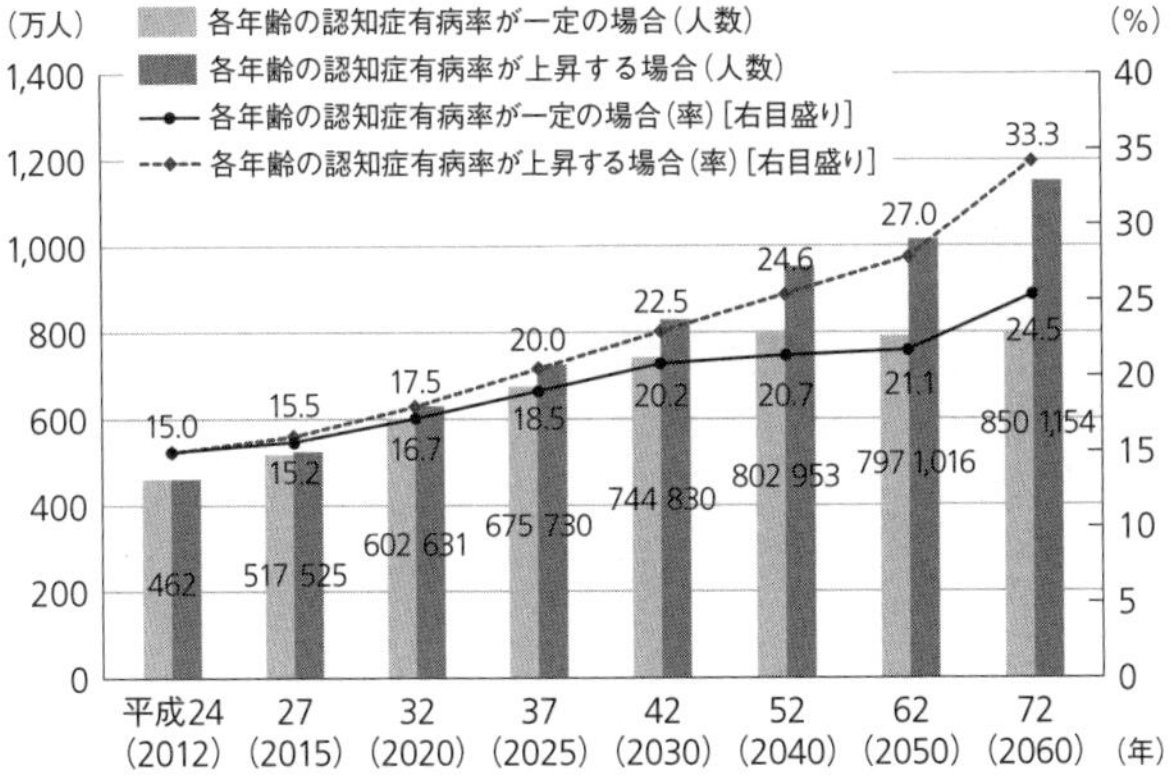

長期の縦断的な認知症の有病率調査を行っている福岡県久山町研究データに基づいた、

・各年齢層の認知症有病率が、2012年以降一定と仮定した場合
・各年齢層の認知症有病率が、2012年以降も糖尿病有病率の増加により上昇すると仮定した場合

久山町研究からモデルを作成すると、年齢、性別、生活習慣（糖尿病）の有病率が認知症の有病率に影響することがわかった。本推計では2060年までに糖尿病有病率が20%上昇すると仮定した。

出典：内閣府「平成29年版高齢社会白書（概要版）3高齢者の健康・福祉」資料
「日本における認知症の高齢者人口の将来推計に関する研究」（平成26年度厚生労働科学研究費補助金特別事業　九州大学二宮教授）より内閣府が作成

●訪問、通い、宿泊を組み合わせて受けられるサービス
●福祉用具の利用にかかるサービス
などがあります。

介護サービスの内容の詳細は、厚生労働省の「介護事業所・生活関連情報検索　公表されている介護サービスについて」というサイトが参考になると思いますので、検索してみてください。

介護保険サービスを利用した場合の利用者負担は、介護サービスにかかった費用の1割（一定以上所得者の場合は2割または3割）です。介護保険施設利用の場合は、費用の1割（一定以上所得者の場合は2割または3割）負担のほかに、居住費、食費、日常生活費も必要になります。

在宅介護で介護保険のサービスを利用する場合、要介護度別に利用できるサービスの支給限度額は、1か月あたりの限度額として定められています。限度額の範囲内でサービスを利用した場合は、1割（一定以上所得者の場合は2割または3割）の自己負担ですが、限度額を超えてサービスを利用した場合は

超えた分が全額自己負担となります。

利用限度額を見ると、要介護1は、16万6920円。一番重い要介護5で36万650円です。自己負担分は、介護度にかかわらず原則、全額の1割負担（利用者の所得に応じて2～3割負担に変動）です。

実際、在宅介護にかかる費用は、家族など介護をしてくれる人がいるかどうかで、大きく変わってきます。介護状態が重いほど、自分でできない分を誰かに補ってもらうことが必要になります。家族がいれば家族に、家族がいなかったり、いても担うことができない場合には、介護サービスを提供している業者にお金を払って頼むことになります。ひとり暮らしで、介護にかかわる家族がいない場合は、食事、入浴、洗濯、住まいの掃除など生活全般に対して介護サービスを利用しなければならなくなり、その分お金がかかります。

月々または年間に自己負担した介護サービス利用料には、所得区分に応じて上限が決まっていて（45ページ・図表2）、その限度額を超えた分は申請すれば「高額介護サービス費」として介護保険から支給されます。

なお、自宅ではなく、有料老人ホーム等の施設で介護を受けると、月額利用料（住居費、管理費、食費など）のほか、雑費（オムツ代、生活雑貨の購入費用、医療費や医療機関への交通など）と介護保険自己負担分がかかります。

ちなみに、アルツハイマー型の認知症である義母が有料老人ホームに入っていた時の費用内訳は左記のとおり。月額費用は合計で22〜23万円くらいでした。

●入居時費用　18万円（敷金として家賃相当額の3か月分）

●月額費用　月額利用料18万円（家賃6万円、管理費6万5000円、食費5万5000円）・介護保険自己負担分（当時は要介護3で2万6931円）・その他の雑費（オムツ代、日常の生活用品、医療費、レクリエーション費、理美容代などの実費）2万円程度

義母（現在は要介護5）は、その後、現在入居している特別養護老人ホームに移り、こちらの費用は介護保険の自己負担分も含めて月額18万円程度です。

図表2●高額介護サービス費の自己負担限度額

設定区分	対象者	負担の上限額(月額)
第1段階	生活保護を受給している方等	15000円(個人)
第2段階	前年の合計所得金額と公的年金収入額の合計が年間80万円以下の方等	24600円(世帯) 15000円(個人)
第3段階	世帯全員が市区町村民税を課税されていない方	24600円(世帯)
第4段階	市区町村民税課税世帯	44400円(世帯)

月々または年間の自己負担額(福祉用具購入費等一部を除く)の合計額が所得に応じて区分された上限額を超えた場合、その超えた分が介護保険から支給される。支給を受けるためには市区町村への申請が必要。

出典:厚生労働省「介護サービス情報公表システム・サービスにかかる利用料」

認知症になったら、お金は自由に使えない！

親に多額の資産があれば、高額の医療費も介護費用も賄えるかというと、そうとも限りません。認知症、あるいは事故や病気で認知機能が失われた場合、さまざまな制限がかかってしまうからです。認知症といってもアルツハイマー型認知症だけではありません。脳血管性認知症、頭部外傷後遺症、前頭側頭葉変性症、レビー小体型認知症など、認知機能が失われた状態に至るには、いろいろな経緯があるのです。

まず、認知症になって、後述する成年後見制度の後見人や保佐人がついた場合には、会社役員、公務員のほか、弁護士、税理士、司法書士、社会保険労務士等のいわゆる「仕業」には就けません。それぞれ欠格事由があるからです。

さらに、法律行為全般（おもに契約行為）ができなくなります。具体的にどんなことができなくなるのか、ざっと挙げてみましょう。

- 預貯金からの出金
- 契約書などへの署名押印（署名押印したとしても無効になる）

●不動産の売却、処分
●賃貸物件の新たな契約
●相続手続き（相続放棄や相続の承認を含む遺産分割協議）への参加
●財産などを贈与すること、贈与を受けること
●遺言を書くこと（書いたとしても無効になる）

これらのことを、本人ができなくなったのなら代わりに子どもが、と思うかもしれませんが、それは叶いません。たとえ「介護費用にあてたい」という理由であっても、本人の預貯金の引き出しや生命保険の解約、自宅不動産の売却などを、親族が代わって行うことはできません。

つまり、親がいくらお金を持っていても、判断する能力がなくなってしまったら、本人も子どもも自由に使うことができないのです。しかし、だからといって、「何もできない」親を放っておくわけにはいきません。

じゃあ、どうするか？

子どもは、自分の預貯金を崩して親の医療費や介護費用にあてるしかありま

せん。有料老人ホームに入居できるほどの資金がないからと、自宅で介護することになれば、子どもは仕事を辞めなければならないかもしれない。そうなるとますますお金がなくなり、困窮してしまう……。

このように判断能力がなくなってしまった親の財産を使えるようにするには、「成年後見制度」を利用するしかありません。

この制度については後の章で詳しく説明しますが、財産を守ることが主な目的のため、お金の使い方にさまざまな制約があり、本人の財産は守れたとしても、本人が元気な時に思い描いていた生活はなかなか望めないのが現状です。また、お金の使途についての制約によって、子どもたちが精神的なダメージを少なからず受けることもあるでしょう。つまり、誰も幸せになれない……。

いまは、まさか自分がそんな状況に陥るとは想像もつかないかもしれません。が、現実には「いつそうなっても、不思議はない」状況にあります。

親のため、そして自分のためにも、親が元気なうちに、いえ、いますぐにでも親子でお金の話をしてほしいのです。

第2章

聞きづらい「お金の話」の進め方

親とのコミュニケーション、とれていますか？

「そろそろ」どころか、「いますぐ」親とお金の話をしていただきたい。前章で、そうお話ししました。

でも、どうでしょう。ふだんから密にコミュニケーションがとれていて、信頼関係も築けているならいざしらず、顔を合わせるのは1年に盆暮れの2回ほどという親子では、なかなかむずかしいと思います。

久々に孫の顔を見てメロメロになっているところに、いきなり「いま、貯金はどれくらいあるの？」などと聞いても、唐突すぎて親は何と答えていいかわからずに口をつぐむか、「なんだ、金の無心か！」と激昂しかねません。そうなると親は警戒してしまい、そこからはもうお金の話ができなくなります。

いまの若い世代はそうでもないかもしれませんが、もともと日本人は、お金についてあれこれ話すことを「品がない」として、嫌う傾向にあるようです。

その、話題にしづらい問題を切り出し、話をスムーズに進めるためにはまず、信頼関係を築いておくことが大切です。と言うと、「子どもなのだから、信頼関係を築く必要などはない。もうすでに親から信頼されているはず！」と反論されるかもしれません。でも、それは子どもの身勝手な考えです。

子どもにお金を奪われてしまう、というほどではないにせよ、自分たちのお金のことを開示したら、そのお金に頼ったり甘えたりしてしまうのではないか、という危惧を親たちは持っています。

自分たちの健康状況や老化に伴う心理的な不安、置かれている状況などについて、あれこれ考えていることまでわかっていてくれるなら、親も安心して、ある程度はお金の話をしてもいいと思っています。

でも、それがいまなのかどうかを見定めているのです。子どもたちの暮らしぶりや発言を見たり聞いたりして、お金の話ができる状況にあるかどうかを探っていると思ったほうがよいでしょう。

急がば回れ。むずかしい話をするためには、地ならしが必要なのです。

とはいえ特別なことをする必要はなく、遠く離れて暮らしているなら、週に1回くらいは親に電話をして「元気？」「変わりはない？」と様子をうかがう。

比較的近くにいるなら、加えて月に1回くらいは顔を見せる、といった程度でいいのです。

最初のうちは、世間話でOK。離れて暮らして何年にもなるのですから、共通の話題を見つけるなんて、無理というもの。むしろ、たあいない話のほうがお互いにリラックスした時間を過ごせるような気がします。

理想的には、親が70歳になったぐらいのタイミングで、コミュニケーションの見直しを始めたいものです。私の実感としては、親が75歳になったら待ったなしでお金の話をしたほうがいいので、そこまでに地ならしを終えておくことをお勧めします。親が元気なうちにやっておきたいことを一覧にまとめたので(図表3)、ぜひ参考にしてくださいね。

ところで、みなさんは「健康寿命」という言葉をご存じでしょうか?

健康上の問題で日常生活が制限されることなく生活できる期間、つまり、介護を受けたり寝たきりになったりせず、自分らしく毎日を過ごせる期間のことです。

図表3●親が元気なうちにやっておきたい10のこと

1	親とのコミュニケーションを図る
2	親の気持ち（言葉の背景にある気持ち）を知る
3	親の暮らしぶりを知る（住環境やご近所づきあいなど）
4	親の健康状態を知る
5	親の「かかりつけ医」や隣近所に挨拶をして、自分の連絡先を知らせる
6	終末期の医療についての親の希望を聞き出す
7	親の経済状況を把握する
8	親が要介護になった時にどうするのかを家族で話し合う
9	エンディングノートを活用して必要なことを書き留めておく
10	親が認知症になっても親のためにお金が使えるように民事信託などで対策を講じる

日本は世界トップレベルの長寿国であり、平均寿命は延び続けています。厚生労働省の「平成30年簡易生命表の概況」によると、平均寿命は男性が81・25歳、女性が87・32歳。

一方、健康寿命はといえば、平成28年の時点では男性が72・14歳、女性が74・79歳です。平均寿命との差は、男性が約9年、女性は約12年。つまり、男女ともおよそ10年前後は、何らかの介護を必要とする状態にある、ということです（厚生労働省「第11回健康日本21（第二次）推進専門委員会資料」）。

繰り返しになりますが、お金の話は親の介護が始まる前にしておく必要があります。と考えると、地ならしは遅くても70歳ぐらいから始めたい。そして、男親の場合はそこから先もぐずぐずしていられません。

もちろん、親が70歳を迎える前でも、病気をしたり、体のあちこちが痛む、なんとなく調子が悪いなどと言い出したら、コミュニケーションを密にし始めましょう。

親の老いをどう理解するか

コミュニケーションの最大のポイントは、「親の老いを理解すること」です。親の小さくなった背中を見て「歳を取ったなあ」と思うだけでは、ダメ。年を取ったことによって、親の体や心に起こる変化に気づき、それがどういうことなのか正しく理解することが大切なのです。

親と話をしていると、同じ話を繰り返していることに気づくことがあるでしょう。そこで、「また、同じ話か。それ、この前も聞いたよ」などと言っていませんか？　あるいは、親に何かを聞かれた時に、「そんなこともわからないの？　調べればわかるでしょ」と突き放したりしていないでしょうか。

子どもとしては、そうした親の言動にイラッとするだけでなく、「あんなにしっかりしていた人が、どうして？」と悲しくもなりますが、それが「老いる」ということなのです。まずは、そこを理解しましょう。

人間は歳を取ると、病気をしていなくても、体力気力ともに徐々に衰えていきます。疲れやすくなり、腰や膝が痛み、目や耳もきかなくなる。そうすると気も弱くなるものです。

しかし、高齢者自身、自分が歳を取ったことを認めたがらず、抗《あらが》います。だから、子どもが心配してやさしい言葉をかけたりしてもうるさがったり、頑固になったりする。それでいて、愚痴をこぼしたりぼやいたりもします。

子どもにしてみれば、それにまたイラッとしてしまうかもしれませんが、愚痴やぼやきこそが親からのSOSなのです。たとえば、同じ話を繰り返すのは、そのことが心配で心配で、ずっと頭から離れないせいかもしれません。子どもがそこで「その話、この間もしていたよね。気になっているんだね」と言ってあげれば、「ああ、自分の気持ちが伝わった」と安心するでしょう。

でも、「また、その話？」と言われると大きく傷つきます。それは、親自身、忘れること＝認知症かも？　と不安に陥ってしまうからです。

86歳になる私の母親も、よく「(あなたに) 話を聞いてもらって、よかった」と言います。私と話をして、とくに何か問題が解決したわけではないと思いますが、「自分の話が伝わった」という安心を得たことで、頭の中でもやもやしている不安や心配事が少しずつ消えていくようです。

親と良好な関係を保つためには、親の老いを受け止め、受け入れる。それが子どもの役目でしょう。

実際のところ、子どもにしてみれば40代、50代は働き盛りですし、子育てでもむずかしい局面を迎えていたりして、自分のことで精一杯だと思います。それでも、親が70歳を過ぎたら週に一度、10分、いえ5分でもいいので、コミュニケーションの時間を持っていただきたいのです。

そして、話をする時には上から目線ではなく「そうだね」「そうなんだ」と共感を示し、弱音や愚痴を聞いたら「いやいや健康でいてくれるだけでありがたいよ」と安心させてあげましょう。

親の老いを理解するにあたっては、関連書がたくさん出ています。私が、読んでとても勉強になったのは、兵庫県尼崎市で外来診療と在宅医療に携わる医師、長尾和宏さんと、同じく兵庫県の西宮市で高齢者や介護者、介護従事者の交流の場「つどい場さくらちゃん」を立ち上げた丸尾多重子さんの共著『親の

「老い」を受け入れる』（ブックマン社）という本。高齢者、認知症患者の言動や心理について語られています。

また、親の認知症が気になるようでしたら、神奈川県平塚市で訪問診療を中心に行っている、在宅療養支援診療所・湘南いなほクリニック院長の内門大丈さんの著書『認知症の人を理解したいと思ったとき読む本』（大和出版）がお勧めです。

親とのコミュニケーションを始める前に一読しておくことをお勧めします。きっとあなたの力になってくれると思います。

親の「気持ち」を把握する

私はこれまで、親子間のお金のトラブルをたくさん見てきましたが、トラブルになりがちな親子には、共通した特徴があります。それは、「子どもが親の状況を把握できていない」ということ。この場合の親の状況とは、「気持ち」「健康」「お金」の3つです。

これらのうち、子ども世代が一番見落としがちなのが、親の「気持ち」。でも、「気持ち」を大切にしてあげると、「お金」についてもかなり話しやすくなります。そこで、まずは「気持ち」について、何をどう把握すればいいのか、考えていきましょう。

高齢者が、自分の老いについてどう思っているのか、おおまかなことは前項でお話ししました。もちろん個人差はあると思いますが、年々、足腰が弱くなり、体力気力ともに落ち、記憶力も衰えていくことに不安や焦りを感じている。そこで子どもができることは、そうした親を安心させることとです。

頑固だったり、考えが古かったりするのは、情報のアップデートができていないことも考えられます。情報化社会の中にあって、親世代のＩＴリテラシーは子ども世代が考える以上に低いかもしれません。

インターネット以外にも、新聞や行政が発行する広報誌など情報源はいくつもありますが、高齢になるとこれらに目を通すのも億劫になりがちです。

「頭が固い！」「いまどき、そんなことも知らないの？」などと否定したり非難したりせず、まずは親の話に耳を傾ける。人生の先輩として、親を尊敬する気持ちを忘れないことが大切です。

また、親の子どもに対する気持ちも、理解しましょう。親にとっては、いくつになっても子どもは子ども。「元気でやっているか」「暮らしは成り立っているのか」「幸せに暮らしているのか」と、さまざまなことが心配なのです。困っていれば、少しでも役に立ちたいと思っているのです。

オレオレ詐欺や悪徳商法に、「まさか」と思うような人が引っかかったり、同じ人が二度三度と被害に遭ってしまう背景には、もちろん犯罪集団の手口がどんどん巧妙になっていることがありますが、子どもを助けたい、役に立ちたいという親心がそうさせてしまう可能性も否めません。

そして、多くの親は子どもに遠慮をしています。仕事や子育てに忙しくしている息子や娘の手を煩わせたくない、迷惑をかけたくない。相談したいことがあっても連絡できず、ひとりで悩んでいるかもしれません。

ですから、子どもの側から歩み寄っていかなければ、親の気持ちを把握することはむずかしいのです。世間話をしながら、親がいま何を思っているのかを探りましょう。

親の気持ちを知るということについては、もう1つ大事なことがあります。実家の片づけ問題です。

父親が亡くなってひとり暮らしになってしまったYさんの母親のケースです。昨年、久々に実家に帰った時、部屋の中に物がいっぱい溢れていて驚いたというYさん。きれい好きだった母親がまったく片付けができないでいることにショックを受けたそうです。認知症による乱雑さではないようなのですが、とにかく、いまだに父親のものを片付けられず、物が多い状況なのだとか。

片付けを一緒にやろうと提案したところ、私がやるから触らないで、と言われてしまい、いろいろ説得しても頑として聞いてはくれなかった。夏休みにはまた実家に帰るのだけれど、どうしたものかと悩んでいました。

高齢になればなるほど、物をためこんでしまうものですが（病的なほどのごみ屋敷のケースはまた別）、その物のためこみには、さまざまな感情があります。

高齢になると不要なものかどうか判断するのがしんどくなっているということもあります。そのため、それを視界から外して見ないように、あるいは見ても「ないもの」としている場合もあるのだとか。

また、「物」に対するストーリーがあることも多いようです。そのストーリーは、子ども世代から見たら「屁理屈」かもしれません。「後で、読み返そうと思っていたチラシ」だったり、「中身を見てから捨てようと思った封筒」だったり、「とても値の張るものだから、誰かに着てもらいたい洋服」だったり……。

生活の中で、他人から見たらごみのようなものであったとしても、本人はその存在を必要なものとして、「折り合いをつけて」暮らしているのです。

「まだ、使うかもしれないから捨てられない」という執着もあるでしょうし、「物がないと寂しい」という感情もあります。子どもたちが独立して、めったに帰ってこなくなって、連れ合いも亡くなって、ひとりで暮らしている孤独。物がその孤独を埋めてくれるような気がするのかもしれません。

そんな心境でいる親に向かって、帰省してきたとたん、子どもが頭ごなしに

「なんでこんなにごみでいっぱいなの」「なんで捨てないの」「そんなもの取っておいてもどうせ見ないでしょ」「取っておいてもどうせ使わないんだから」「ほこりがついて不衛生よ」と立て続けに親を叱りだす。

もしそうだとしたらどうでしょう？　まさに「親の心、子知らず」ですね。片づけは、遠のくばかりです。

まずは親のストーリーを聞きましょう。物を保存している理由はそれなりにあるはずです。

チラシを見て、子どもが帰ってきたら相談しようと思っていたことがあるのかもしれません。難しいことが書いてあってよくわからないから、子どもに相談してから捨てようと思っていた封筒かもしれません。自分では着られない洋服だけど、子どもだったら着ることができるのではないか。汚れていないし、まだ使えるものだから捨てられない。使ってくれるというのであれば、惜しみなく譲ってあげられる。そんなふうに思って取ってあるのかもしれません。

ですから、まず、親の話を聞きましょう。「詰問」ではなく、やさしく理由を聞いてみましょう。

動かなくなった時計、使い古した財布。そんなものがよく取ってあったりしますよね。そういう時には、物を評価してあげましょう。

「よくがんばったよね、この時計。お父さんが目覚ましに使っていたんだっけ。80過ぎたら、目覚ましはいらないって言ってたけど、ずっと枕元に置いてあったよね。壊れちゃったの？　まだ使うなら、電池入れ替えてみようか？」

というような感じで話を持っていくと、「私はもう使わないから、あんた使ってくれるなら、あげるよ」と手放してもいいという意向を示してくれます。

そうしたら、たとえいらない古い目覚まし時計であっても「ありがとう。じゃあ持って帰って電池入れ替えてみるね」と言って、もらって帰ってください。本当に使わないのであれば、親の見えないところで捨ててください。

洋服も同じです。

母親というものは、娘が50歳を過ぎていたとしても「これ、物はいいんだよ。私は体形が変わっちゃって着られないけど、あんたなら、買い物に行く時にでも着られるんじゃないの」と言ったりすることがあります。

そういう時も感謝して「ええ、いいの？　お母さん大事な時に着ていた服でしょう。体に合わなくて着ないのなら、私が着ようかしらね。でも、私もお母さんと同じ体形だからさ、着られないかも。そしたらお友達に聞いてみるよ。とりあえず、もらっておこうかな」という具合に答えていきましょう。

「嘘も方便」です。

もらったものは、家に帰ってポンと捨ててもいいのですが、私はきちんとお別れの儀式をしてから捨てています。壊れた目覚まし時計を手に取って「嘘をついてごめんね。ここでお別れです。長い間お父さんの枕元でがんばってくれてありがとう。お疲れ様でした」と言って、分別ごみに出します。着られない洋服（一度は袖を通してみますが）に対しても「お母さんを守ってくれて、ありがとう」と言葉をかけてから捨てます。

これは、私なりのけじめ。古い物であったとしても、親に嘘をついて引き取った物ですから、この儀式は私にとっては必要なのです。

でも、こうして1つでも2つでも子どもがもらってくれるというと、不思議なもので、親の方でも捨てものが増えていくんです。「こっちはさすがにあんたもいらないよね」なんて言いながら、捨てる気分になっていくようです。

子どもが、今まで持っていた理由（ストーリー）を聞いてくれたこと、自分が大切にしてきた物の価値を認めてくれたことで、するすると気持ちが解けて、物も手放せるようになるんですね。

物（物の価値）を認める→物にまつわるエピソードを話す、聞く→「あげる」と言われたらもらう。これを2〜3回繰り返してみましょう。そうすることで、ほかの物も少しずつ手放してくれます。

こういうことをYさんに伝えて実践してもらったところ、見事成功。捨てるべき物はまだまだ残っていますが、不要な物を手放すことにお母さんの気持ちが向いてきた、とのことでした。

親の気持ちとして、さらに確認しておきたいのが「これからのこと」。ぜひ聞いておきたいのは、終末期にはどんな医療を受けたいと思っているか、延命治療についてはどう考えているのか、ということです。ただ、これらはとてもセンシティブな話題なので、いきなり切り出すのはNG。

私はまず、「これからどう生きていきたいのか」を話してもらうようにアドバイスしています。「やりたいこと」「やらないと心残りなこと」「解決したいこと」、そこから話を始めます。この話の先に「どう終末期を迎えたいのか」の話が出てくるからです。

相談者のOさんのお母様とお話をした時のことです。Oさんがなかなか親の気持ちを聞きだせないと言うので、一緒に話を聞くことになりました。まずは、若いころからひそかに思っていた「やりたかったこと」をうかがいました。それは、これからでもできそうなことでしたので、「いまからやりましょう」と水を向けたところ、「そこまでは生きられないかなぁ」と言うのです。思う方向に話が進んでいきます。「長生きしましょうよ」とOさんと2人で言うと、「そうねぇ。長生きしてもいいけど、長患いはしたくないなぁ」とお母様。「長患いって、どんなイメージなんですか?」と聞くと、「85歳過ぎたら、痛いのは嫌だけど、頭が朦朧《もうろう》として何もかもわからなくなった状態で、生きていたくないわ」と。「それって、延命措置のようなことは、嫌だということかしら」と私。「そうそう、それそれ。そこまでして生きていたくない。寿命が来たら、それでいいわ。無理して命を延ばさなくても」と、終末期の迎え方のお考えを聞くことができました。

この先、気持ちは変わるかもしれませんが、いまのお母様の意向は、しっかりとOさんに伝わったと思います。

親の「健康状態」を把握する

終末期の医療や延命措置についての意向を聞くのも大事ですが、その前にいまの親の健康状態を把握しておくことも重要です。

体調はどうか、持病があるのか、病院へは通っているのか、どんな薬を飲んでいるのかなどを知ることはとても大切です。薬を飲んでいないまでも、家にサプリメントがいくつもあったら、健康について気になることがあるのかもしれません。「こんなにたくさん飲んで、どうするの！」と責めるのではなく、「へぇぇ、これって膝に効くのか〜。お父さん、膝が痛むの？」というように、健康状態を聞き出すきっかけにしましょう。

40代、50代の働き盛りは自分のことで手いっぱいかもしれません。ですが、親の健康状態を見逃すと、のちのちつらい思いをすることになります。

Ｆさん（40代後半・会社員）の話です。

ひとり暮らしの母親（78歳）が突然脳梗塞で倒れ、入院。命はとりとめたものの、意識障害があって、判断能力どころか会話もままならなくなってしまいました。

Ｆさん姉妹は会社員で、日中は勤めがあるため、退院後の自宅介護は無理。退院後に行くリハビリができる施設や介護施設を入院中に探さなくてはなりません。入院時の保証金はとりあえず立て替えたものの、親のキャッシュカードの暗証番号も聞いていないので、親の預貯金が引き出せない状態が続きました。今後の医療費や介護費用は、ひき続き子どもたちが立て替えることに……。

こんな体験をされたFさんは、2人姉妹の姉のほう。姉妹は2人ともシングルでバリバリ働いていました。立て替え払いもいつかは限界が来ますので、結局、成年後見制度を利用することにしました。

後見の申し立てをするにあたり、必要な書類をそろえるのに3週間ほど。さらに、後見人の選任に2か月弱かかりましたが、何とか子どもが後見になることができ、親のお金を動かせるようになったのです。

それまで母親は、2人にとってはいつも元気そのものの存在でした。よく食べ、よく笑い、社交的で友達も多く、楽しく暮らしていると思っていたので、時々電話をしては、ご機嫌伺いをする程度で、実家には年に一度くらいしか帰っていませんでした。

昨年の正月に実家に帰った時に、母親がなんとなく元気がなかったので、「おや、さすがのお母さんもお歳?」と冗談めかして言うと、「風邪がなかなか抜けないみたいなのよ」という返事。「大事にしてよ」と声をかけたものの、さほど気に留めずにいたところ、それから1か月もしないうちに母親は倒れてしまったのです。

Fさんは、なんとなく覇気のない母親の様子や、家の中がどこか乱雑になっていることにも気づいてはいました。でも「風邪がなかなか抜けない」と母親が言ったことで、「ああ、そうなのか」と納得してしまい、「風邪さえ治れば、またいつもどおりになるだろう」とそれ以上は気にしなかったのだそうです。小さなことでも体のSOSに目を向けて、きちんとした対応をしておけばこんなことにはならなかったのに……と、とても悔やんでいました。

親がいつまでも元気でいるとは限りません。暮らしぶりのチェックポイントを一覧にまとめたので（73ページ・図表4）、こちらを参考に親の状況を把握してください。

鍋がいくつも焦げた状態になっていないかなどの項目は、認知症の兆しがないかを確認するためです。物が散らかっているなど、家の中の乱雑さについても注意深く見ていきます。

健康状態については、病院に定期的に行っているようなら、どういう理由で通院しているのか、確認しておきましょう。内科なら血圧が高いのかもしれないし、眼科は白内障が進んでいるのかもしれません。歯科への通院は歯周病や入れ歯の不具合、整形外科は腰や膝が痛いからという可能性があります。

とくにこれといった症状がなくても、歩行状態を観察してみると気づくこともあるかもしれません。元気にすたすたと歩いているか、ガニ股になっているのは膝に痛みを抱えているせいではないか、小刻みに歩いたり、よくつまずくのは足がしっかり上がっていないからかも……など、親の様子を見るだけで気になることが出てきます。

気になることがあっても根ほり葉ほり聞くのではなく「だいぶ膝が痛そうだけど、大丈夫?」「最近、調子はどうなの?」とやわらかい口調で聞いていきましょう。けっして「ちゃんと病院に行ってるの?」とか「行かなきゃダメじゃない!」と責めるような口調で言わないでくださいね。

若いころの病気とは違って、加齢による体調不良や機能不全は、徐々にいろいろなことができなくなったり、痛みが出てくることが多く、そういう状態と

図表4●実家の住環境や暮らしぶりのチェックポイント

- □ 電球や蛍光灯が切れたままになっていないか
- □ 浴室入り口の段差によくつまずかないか
- □ 浴槽の高さは手すりがなくても差し支えないか
- □ 浴室の床がすべりやすくなっていないか
- □ ヒートショックを起こさないよう浴室を温めているか
- □ 夜中にトイレに行く動線につまずくものはないか
- □ 消費期限の切れた食べ物が冷蔵庫にたくさん入っていないか
- □ 飲み残しの処方薬がたまっていないか
- □ 鍋などがいくつも焦げた状態になっていないか
- □ 台所や洗面所に、同じような洗剤、歯ブラシ、歯みがき粉などが大量にストックされていないか
- □ 通信販売で購入したサプリメントなどが、開封されないまま、たまっていないか
- □ 小銭やお札が無造作に台所や居間にちらかっていないか
- □ 玄関での靴の着脱が困難になっていないか

少しずつ折り合いがついてくるので、病院に行ったり行かなかったりということがよくあるのです。ちょっと調子が悪くても、特別に痛みがないような場合には、「歳かなぁ」と思って、病院には行かないこともあります。

「調子はどうなの？」と聞いて、親が正直に「このところ夕方になるとちょっと痛む感じなのよ」などと話してくれるようであれば、「大きな病気が隠れているといけないから、病院に一緒に行こうよ」と言ってみましょう。「わざわざ一緒に行かなくてもいいよ」と言うかもしれませんが、そこであきらめず「一度、お母さんの行っている内科の先生にご挨拶しようと思っていたから、ちょうどいいわ」と、もうひと押ししてみます。

高齢になると、医師の話をどう理解していいのかわからないこともあるでしょう。自分が不安に思っていることをうまく伝えたり、質問したりすることもむずかしくなってきているかもしれません。そんな時、子どもが同席してくれれば心強いですし、医師も初めて会う子どもには「きちんと説明しなければ」と思い、丁寧な対応をしてくれるでしょう。

このように、親のかかりつけの医師（内科でも整形外科でも眼科でも）に、子どもが会っておくのはとても大事なことなのです。単に挨拶するだけでなく、何かあったら、自分にも連絡をくれるよう、自分の携帯などの電話番号をカルテに書いておいてもらいましょう。そうすれば、重篤な病気が疑われた時には医師から連絡が来るでしょうし、早期発見・早期治療ができれば、「突然の介護！」に見舞われる確率は低くなります。

さらに、可能であれば、ご近所さんにも挨拶をして、両親の様子に変化があったら連絡してもらえるようにしておくことをお勧めします。

実際に私も母親が住んでいる集合住宅のお隣の方に、携帯番号を知らせてあります。一度、母との旅行中にそのお隣さんから電話がかかってきました。「(あなたの) お母さんの家の電気が昨日の夜、ついていなかったようだけど、大丈夫？」と。旅行に行くことを伝えていなかったばかりに心配をおかけしてしまいました。お詫びと気にかけてくださったことに感謝し、電話を切りました。みなさんには気をつけてほしい失敗談です。

親の健康に関してもう1つ、地元の「地域包括支援センター」に足を運ぶこともお勧めします。地域包括支援センターは「要介護になってから相談に行くところ」と思っている人が多いようですが、親が元気な時にこそ訪ねておいてください。地域の介護状況をはじめ介護に関する情報がたくさん得られますし、あらかじめ「高齢の親が2人で暮らしている」と伝え、連絡先を渡しておけば、先方も気にかけてくれるでしょうし、自治体などが実施している高齢者向けの住宅改修への助成金制度など有用な情報や利用できるサービスについても教えてくれると思います。

なお、健康に関連することとして、暮らしている家の環境についても、忘れずに確認しておく必要があります。家の中の段差の有無、風呂場の浴槽の高さ、寝室からトイレへの動線などは、どうなっているでしょうか。

というのも、高齢者がケガをする場所は、「自宅」が最も多いのです。老化とともに筋力が衰えてくると、歩くときにすり足になってちょっとした段差にもつまずくようになりますし、浴槽への出入りやトイレの時も足がよろけ、転倒しやすくなります。

東京消防庁によると、転倒による事故は、救急車で運ばれる高齢者の事故の約8割を占めているのだとか。日常生活の中では、何も掴まずに立ち上がって転んだり、部屋の段差でつまずいたり、バスやエスカレーターなどの乗り降りの際に転倒するケースが多いそうです。

さらに「高齢社会白書」（平成30年版・内閣府）によると、高齢者（65歳以上）の住宅内での事故の発生場所は、次の順で多いそうです。居室、階段、台所・食堂、玄関、洗面所、風呂場、廊下、トイレ。

あなたのご両親がお住まいのお家はどうでしょうか？　そういう目線で見たことがありますか？

高齢者の骨折は重症化して「寝たきり」につながりかねず、認知症の発症リスクも高まります。階段や風呂場、トイレなどには手すりをつけるようにし、室内の段差もできるだけ解消しておきましょう。また、とくに冬場はヒートショックも心配です。トイレや風呂の脱衣場には小さめの暖房器具を用意しておくといいようです。

親の「お金」を把握する

親の気持ち、健康状態がわかり、親とのコミュニケーションが円滑に進められるようになってきたら、いよいよお金についてです。預貯金、不動産や株、投資などの資産のほか、ローンなどの負債の有無や日々の収支の状態など、知っておきたいことは山ほどあります。

いずれも、病気やケガで入院をしたり、認知症になったなど、親の「いざ」という時に備えて、どうしても必要な情報です。ただ、先述したとおり、切り出し方や話の順番を間違えると親は警戒し、せっかく地ならしをしてお金の話をする土壌ができたのに、その努力と時間が水泡に帰すことになりかねません。

お金の話をするタイミングとしては、実家でゆっくり過ごせるお盆や年末年始がいいでしょう。きょうだいがいるなら、みんな揃っているところで話を始めたいところですが、それがむずかしければ、親との関係が最も良好な子どもが代表して話を進めてください。

ここで注意してほしいのは、お金の話だからといって構えすぎないこと。子どもの側に「お金の話はちょっと……」という意識があると、親もそれに同調してしまいます。あくまでも、両親のことを「心から心配している」から話をするのだ、というスタンスでその場に臨みましょう。

何を話の糸口にするかは、人によって違ってくると思いますが、たとえば「お風呂場やトイレに手すりがあるといいね」から始まってもいいのではないでしょうか。

「いまは健康でいてくれてありがたいけど、この先のことを考えると、お父さんお母さんが暮らしやすいようにリフォームする必要もあるかもしれないね」「残念ながら、自分たちのいまの経済状況では『全部、子どもたちで面倒を見るよ』とは言えないんだよね。だから、いざという時は、お父さんお母さんのお金を使わせてもらいたいと考えているんだ。もちろん、足りない分は僕（私）たちも出すつもりだよ」

「お父さん、お母さんにとってはイヤな話かもしれないけど、でも一度、きちんと話をしておきたいんだ」

というように、淡々と、正直に話をすれば、親も警戒することなく話し合いに応じてくれると思います。

その上で、親を怒らせたり悲しませたりせずに、うまく話を切り出すコツがあります。相談者から聞いた話をご紹介しましょう。50代のKさんは専業主婦。「お盆で実家に帰った時、75歳の父親が『物忘れがひどくなってなあ』とぼやいていたんです。母親も『ホント、歳を取るのはイヤよねぇ』なんて言って。でも、それで私が『だったら、通帳の置き場所を教えておいてよ！　もしもの時、困るから』と言ったら、父が『なんだ、久しぶりに顔を見せたと思ったらお前、金の話をしに来たのか！』って怒り出してしまって。それ以降、お金の話はできない雰囲気なんです」とのこと。

これは、親の「気持ち」が理解できていない典型的な例です。老親にとっては、自分の〝老い〟を自覚することがとても大きなストレスなのに、そこへ子どもからいきなりお金の話を切り出されたら、警戒して態度を硬化させてしまいます。

では、この場合、Kさんは父親にどう話せばよかったのでしょう？　コツは5つあります。

①まずは、認める

父親は「物忘れがひどくなった」と落ち込んでいるわけですから、まずはその気持ちをやわらげてあげることが大切。

「そうなの？　物忘れが気になってるのね」と受けて、

「でも、お母さんの誕生日には忘れずに、いつもプレゼントしているじゃない。お父さん、ちゃんとお母さんに気を使っているでしょう。そんなところステキだと思うよ」

こんなふうに、いままで父親がやってきたことや気配り、がんばってきたこと等を認めて、安心させてあげましょう。何がどうステキなのか、すごいのか、具体的に伝えるのがポイントです。親は、子どもが自分のことを理解してくれている、認めてくれていると思うと気持ちがほぐれてきます。

②質問形式にする

お金の話の順番として、通帳や印鑑、キャッシュカード、金庫のカギなどの置き場所を聞くのは、間違っていません。ただ、「置き場所を教えておいてよ！」では、あまりにも直接的。そこで、聞き方を変えてみましょう。物忘れがひどくなったと嘆く父親には、次のように聞いてみてください。

「そうかあ。お父さん元気そうだし、この先も元気でいてほしいけれど、そんなふうに不安に思っているんだね。どうしたらいいかな？　私にできることある？」

父親自身「物忘れ」は、自分でも情けないと思い、不安でもあるのです。そういう気持ちを子どもが汲み取って「不安なんだね」と共感することで、「ありがとうな」の一言が返ってくるかもしれません。そのうえで、何が一番不安なのかを聞き出し、そのために一緒に考えていこうという姿勢を見せることが大事だと思います。

一番多いのは、キャッシュカードの暗証番号を忘れたとか、出かけるときによく忘れ物をしてしまうというようなことだと思います。一緒に対処法を考えて親からの信頼を得るようにしましょう。

キャッシュカードについては、暗証番号を紙に書いてもらうことをお勧めしています。ただ紙に書いてもらうだけでなく、封筒に入れて封印します。本人にとっては、お守りのようになりますし、いざという時には子どもたちが開封して見られるので、一石二鳥です。

この時も「今のうちにキャッシュカードの暗証番号を教えておいてよ！」という言い方ではなく、

「キャッシュカードの暗証番号は、お父さんやお母さんに何かあったときのため子どもとして知っておきたいの。別にいますぐ知りたいわけじゃないのよ。いざという時にわかるようにしておいてほしいの。お友達から教わった方法なんだけど、暗証番号を便せんに書いて封筒に入れて、しっかり封印しておくといいんだって。お仏壇の下の引き出しとか、わかるところに置いておけば、誰も開けていないことがわかるでしょう。もしお父さんが暗証番号を思い出せないことがあっても、それを見ればすぐわかるし。いい方法だと思わない？　どうかしら？」

こういう頼み方をすれば、たいていの親は書いてくれます。場合によっては、「そんな面倒なことをしなくても、父さんの暗証番号は××××だよ」とさらっと教えてくれることもあります。

こうした質問形式の会話は、コミュニケーションを深めるのにとても有効です。お金のことだけでなく、ふだんから「今度の休みに、どこか行きたいところはある？」「いま、やりたいことは？」「これだけはやっておきたい、ということはある？」などと質問しながら会話を進めていく習慣をつけておくといいでしょう。その際の注意はただ1つ、矢継ぎ早に質問しないこと。相手の返事をちゃんと聞いてから質問してくださいね。

③親の気持ちを汲んで提案する

90歳の母親に施設に入ってもらうために「実家を売りたい」というRさん

（56歳・会社員）の相談です。

「父が亡くなった後、実家でひとり暮らしをしている母のことが心配で。物騒な世の中だし、体力も衰えてきたので介護施設に入ってもらいたい。実家を売って、そのお金を入所の費用にあてたいのですが、母は悲しそうに『お父さんが建ててくれた家だし、ここで50年も暮らしてきたんだから、離れたくない』と言って、嫌がるんです」

実家の売却費用を原資にして施設に入る、という判断は賢明です。でも、Rさんの「心配しているのに」の裏には、「こんなに心配して、あれこれ考えているのに、ちっとも俺の言うことを聞いてくれない。俺の選択肢は間違っていないはずだ。それしかないじゃないか」という子どもの側からの一方的な都合のいい気持ちが透けて見えています。それが、お母さんに気持ちが届かない理由です。

「こんなに心配しているのに」という主語は「俺（Rさん）」ですよね。でも、主役はお母さんです。まずは、お母さんの気持ちを聞きましょう。

親としては、高齢になればなるほど、ひとり暮らしへの不安は増えていきます。思い出のある家を離れるのは寂しいという気持ちと、老人ホームに入ったほうが安心できるだろうなぁと思う気持ちが行きつ戻りつし、決断がつかない状況なのです。さらに、新しい環境になじめるのか、ホームに入ったら、子どもたちや孫に会えないのではないか、という不安もあるのです。

まずは母親の不安や希望をとことん聞くところから始めてください。それから、「お母さんの気持ちに沿える方法としては、○○という選択肢もあるよ」と提案してみましょう。

たとえば「ひとりぼっちは寂しい」という気持ちにフォーカスして考えてみると、長く住んでいるこの家のまわりには古くからの友達もいて、土地柄も好きで安心して暮らせているものの、友達も施設に入ったり、子どもと同居するために引っ越したりして少しずつ減ってきて、外でおしゃべりする相手も少なくなってきた。夫もいなくなってしまって、寂しいなぁ……そんなふうに思っているかもしれません。そういう気持ちを聞いたのであれば、「それならウチ（子どもの家）の近くのホームなら、俺も休みの日に行けるし、子どもたちも受験が終わったことだし、今までより会いに行けると思うよ」という提案もできるでしょう。

そうすることによって、母親の頭にはその情景が浮かび、「じゃあ、ホームに入ることを考えてみようかな」という気持ちになるかもしれません。

④ワンクッション挟む

お金についての話は、父親がキーマンであることが多いのではないでしょうか。子どもたちを養うために懸命に仕事をして稼いできた父親は、そのプライドから、子どもにお金の心配をされることを嫌がります。きょうだいが多かったり、特定の子どもが介護をになうことになる場合には、父親亡き後の遺産について、ぜひとも遺言を書いておいてもらいたいものですが、面と向かって「遺言を書いてほしい」と言おうものなら、激昂されて終わり、となりかねません。

その場合は、母親を味方につけるのも1つの手。娘なら、母親と女同士のおしゃべりの中で、「お父さんに、ちゃんと形で残しておいてもらわないと、お母さんも心配よね？」などと、同意を取りつけておきましょう。その後、父親に遺言の話を切り出した時には、「私も、形で残しておいてもらったほうが安心だわ」と力強くフォローしてくれるでしょう。

⑤芸能ニュースから入る

親と話す時に意外と役に立つのが芸能ニュースです。テレビや雑誌で取り上げられている芸能人の〝相続トラブル〟や〝介護苦労話〟などを引き合いに出すのもいいでしょう。芸能人の話とはいえ、どの家庭にも通じる問題や構造が必ずあるはずです。「あの家も大変ねえ」と言って「ホントにねえ」と、関心と同意を引き出した上で「ところでウチはどうする……」と切り出すといいと思います。

まず自分自身がお金のことを勉強しよう

もっとも、ここまでやっても、親とお金の話をするのは実にむずかしいもの。親の経済状況を把握するには、早くても1年ぐらいかかるというのが、多くの相談を受けてきた私の実感です。まず2～3年はかかると思っておいたほうがいいでしょう。

焦りは禁物ですが、親の年齢を考えれば、そうそう時間をかけてもいられません。

さまざまな親子のやりとりを見ていて思うのは、子どもが親の相談に乗る、サポートをするというスタンスでいると、お金の話も進みやすいということです。「お金の管理について、何か困っていることがあったら手伝うよ」という体でいると、親も安心して「実はね……」と話し出してくれるのです。

そのためにも、まずは子どもがお金について勉強することが大切です。本格的に、とは言いません。いま、話題になっていることや親が興味を持っていることについて学んで、そこで得た知識を少しずつ親に話していく。すると、親子の会話の中に自然と、お金の話題を組み込めるようになります。

たとえば、高齢者の方の多くが興味を持っているのが「預金保険制度」（ペイオフと呼ぶこともあります）のこと。ペイオフという言葉は知らなくても、「もし銀行が破綻したら1000万円しか保証されない。だから、1000万円以上の預金があったら、面倒でも複数の銀行に口座をつくらなくては財産が守れない」と、大雑把な情報の把握ではありますが、気になっている方は多いようです。

子ども世代としては、親がこのことについて興味を持っているようであれば、正しい情報を伝えることが大事です。

ペイオフとは、金融機関が破綻した場合の預金者保護の方法の1つである「預金者への保険金の直接支払い（ペイオフ方式）」のことを指します。取り引きしている金融機関が破綻して、ペイオフ方式が適用された場合は、一金融機関、一預金者あたりの元本1000万円までと、その利息等が保護の対象となります。保護の基準を超える部分は破綻した金融機関の財産の状況に応じて支払われます。

ところが、1000万円以上預けていても全額保護の対象となる普通預金がありますそれが、利息の付かない「決済用預金」です。今までの普通預金口座を決済用預金口座に切り替えるのは簡単です。印紙代がかかる場合もありますが、窓口で手続きをすれば、口座番号も通帳もキャッシュカードも変わらずにそのまま使うことができる金融機関が大半です。手続きをした日からは利息が付きませんが、それまでの普通預金の利息は、切り替えの時に支払ってもらえます。

こういうことを知っていれば、「親父が心配していた、銀行に預けてある1000万円以上のお金の保証の話だけどさ、決済用預金なら何億あっても全額保護されるっていうから、切り替えてみたらいいんじゃないかな。休みが取れたら一緒に銀行に行って手続きしようか」という話もできますよね。もし「わずかでも利息が楽しみだから、切り替えなくてもいいよ」という言葉が返ってきたとしても、がっかりしないでください。

こうした情報を示すことで、親も子どもをちょっとは見直して、これからは「子どもに相談に乗ってもらおう」という気持ちになるかもしれません。あるいは、「財産を狙ってくる子ども」から「財産について一緒に考えてくれる子ども」に見方が変わってくるかもしれませんね。

お金のことに限らず、離れて暮らしていたら、親の本音を聞き出すのは容易なことではありません。たとえ仲のよい親子でも、親には親としてのプライドがあるので、よほどのことがない限り自分については積極的に話したがらないようです。

そんな時、役に立つのが「エンディングノート」です。エンディングノートとは、人生の最期に迎える死に備えて自分の希望を書き留めておくノートのこと、とされていますが、私は、それだけではなく、人生のラストステージを思いきり悔いなく楽しむために、自分に起きるであろうこれからのことを考え、自分の現状を把握するものだと思っています。エンディングノートは昨今の終活ブームで、世の中にすっかり認知された存在となりました。

実際のところ、エンディングノートはどういう場合に、どのように有効なのか。次の章では、エンディングノートの活用方法について詳しくお話しします。

第3章

親子で書く「エンディングノート」

エンディングノートの役割

エンディングノートとは、文字どおり、人生の終末期に迎える「死」に備えて、自分の希望を書き留めておくノートのこと。死んだ時や、病気や事故などによって認知・判断能力を失った時に、自分が望んでいることを家族やまわりの人たちに伝えるためのもので、これからのことと、いまのことを書き留めていきます。

そこに書く内容についてとくに決まったものはありませんが、おもな事柄としては、次のようなものが挙げられます。

- これからの人生をどう過ごしていくのか
- 自身の健康データ（既往症や持病など）
- 預貯金、不動産など財産に関する情報
- 自分が要介護になった際に望むこと
- 認知症になった時の財産管理についての希望
- 判断能力がなくなった時の介護や医療についての希望

●終末期の医療に関する希望
●延命措置を希望するか否か
●葬儀・納骨（墓）に対する希望
●身の回りの生活品などの処分について
●相続について
●家族へのメッセージ

遺言書と違って、エンディングノートに書いてあることに法的効力はありません。ただ、介護を受けている間や亡くなった後に、家族の心理的な負担を減らすことができるだろうと、私は思っています。

たとえば、自分は延命措置を望んでいなくても、そのことをどこにも書き残していなかったら、いざ救急車で病院に運ばれた時、あるいは認知症になってしまった時、家族に伝える術がありません。

延命措置を受けるか否かの判断は、本人の希望がわからなければ家族にとって非常につらいもの。いずれの判断を下しても、「はたしてこれでよかったのか」

と家族は苦しむことになります。

民事信託（第4章参照）について相談に来られたWさん（80歳）家族のケースです。Wさんの妻は70代で認知症になり、長く寝たきりの状態。2年前くらいから食事を摂れなくなり、急速に衰えてしまいました。

そこで、病院側から「中心静脈栄養」という高カロリーの輸液を静脈から入れる栄養補給法を提案され、Wさん家族はそれに同意しました。このような場合の栄養補給法は、延命措置とイコールだと指摘する専門家が多いようです。食べられなくなったら栄養補給はしないという選択肢もある中、Wさんは栄養補給を選びました。

Wさんは、自身にも持病があるのですが、それでも週に1～2回は妻の見舞いに病院へ通い続けています。しかし、ひとりっ子の娘さんはまったく行かなくなってしまいました。母親が管につながれてベッドに横たわっている姿を見ると、延命措置を受けるという自分たちの判断が正しかったのか、母親はこのような状態で生き続けることを本当に望んでいるのだろうか、そう感じて胸が締めつけられるようで、つらくて苦しくて「会いに行けない」というのです。

母親が大好きなだけに、会いたいけど会えない。何とも切ない話です。

もしエンディングノートに延命治療や相続についての記述があれば、家族は戸惑いや悩み、後悔、憤りなどから解放されます。遺された人が、その死と穏やかに折り合いをつけられるようになるのです。

このように、エンディングノートは「遺された家族が困らない、迷わないために書き残すもの」でもあるのですが、それだけでなく、親の「財産」「健康」「気持ち」を把握するためのツールとしても活用できると思います。

親子で一緒に考えてみる

一般的に、高齢になればなるほどエンディングノートを書くのを嫌がります。それは先にも述べたように、自分の老いを認めるのが怖かったり、たとえ認知症でなくても判断能力が低下してくるため、物事の決断ができなくなってしまうからです。「はい、これに書いておいてね」と渡すだけでは、ノートは永遠に開かれることがないでしょう。

ですから私は、親の状況を把握するための話し合いの時に、子どもが親の考えを聞き出してまとめたり記録したりするためのヒアリングシートとして、エンディングノートを使うことをお勧めしています。

ノートを前にして話すことで、親とのコミュニケーションがとりやすくなり、親の率直な気持ちを聞くことができます。エンディングノートは、親に無理やり書かせるものではなく、「親子で一緒に書く」感覚が重要なのです。

そして、さらにお勧めなのが、まず子ども自身がエンディングノートを書いてみること。自分が、遺される伴侶や子どもに何を伝えたいかを考えてみると、親と話をする際にも、どのようなことを書き残しておいてほしいかが、実感としてわかります。

また、書いている途中で、介護や終末期の医療について、自分がいかに知らないことばかりかということを思い知るかもしれません。要支援と要介護は何が違うのか、自宅で介護を受けたい場合はどうすればいいのか、施設にはどんな種類があるのか、それによって入居費用やサービスはどう違ってくるのか。延命措置という言葉はよく聞くけれど、実際にはどういう措置が施され、それによって自分はどういう状態になるのか……。

これらのことに関する知識がなければ、親と話をする際に「これはどういうこと？」と聞かれても答えられず、話が進まないでしょう。「一緒に調べてみようか」となればいいですが、お互いによく考えずに書いて、かえって悲劇を招いてしまったなんていうことも起こりかねません。

親に勧める前に、まず自分のエンディングノートを書いて、そのことを親との会話の中で話題にしてみましょう。興味を持ってもらえたならば、自分の書いたものを持っていき、「ここのところを書いていた時に、お母さんの気持ちも聞いてみたいと思ったのよ」とノートを開きながら話を始めると、親もさらに興味を持ってくれます。

大事なことは、ノートを書かせることではないのです。親の気持ちを聞き取ることです。終末期の医療や延命措置について、親の気持ちを聞くことができたら、ノートに記録していきましょう。それを繰り返しているうちに、「じゃあ、簡単なことなら私も書いてみようか」という気持ちになっていくことが多いのです。ノートを間に挟むことで、なかなか話しにくい事柄についても、案外すんなりと親の本音を聞くことができるようになります。

現在はさまざまなタイプのエンディングノートが市販されていますから、その中から、自分が一番使いやすそうなものを選んでください。「デザインが気に入ったから」という理由でもいいと思います。お気に入りのノートなら書くこと自体が楽しみになり、充実した内容になるでしょう。

ちなみに、私がご相談を受ける時に使っているエンディングノートは、私が理事長を務める一般社団法人エンディングメッセージ普及協会の「メッセージノート」です。「ライフプラン編」と「シークレット編」の2冊に分かれているのが特徴で、ライフプラン編は、リビングなどに置いて、自分が病気で入院したり事故などで急に判断能力がなくなったりした時に、家族の誰もがすぐに読めるようにしておきます。ここには、取引のある金融機関の情報、介護や終末期医療の希望など、自分が「生きている間に見てほしい」大事なことを書き留めてもらいます。もう一方のシークレット編は、「自分の死後に読んでもらう」ためのもので、相続についての希望や家族への感謝のメッセージなどを書くようになっています。

以前、エンディングノートがなかなか書けないという人に、なぜ書けないのかインタビューしたことがあるのですが、その時に一番多かった理由が「生きている間に見てほしいことと、死んでから見てほしいことは別なのに、それが1冊になっていると本音が書けないから」というものでした。それをヒントに、このメッセージノートは分冊にしたわけです。

エンディングノートの種類によって、書く項目はいろいろですが、おもなものとしては、先に挙げたとおりです。それらも含め、私が多くの親子と接してきて、これは絶対に必要だと思うものを一覧にまとめてみました（次ページ・図表5）。これを参考にしながら、書き始めてみてください。

4 現在の持病や介護、終末期の医療について

・通院している医療機関と持病、病歴など

・保険証、診察券などの保管場所

・介護が必要になった時（寝たきり、認知症など）、
どのような介護を望むか

・意識や判断能力の回復が見込めない時の治療はどうしたいか

＊生命維持のため人工呼吸器など最大限の治療を希望する
＊人工呼吸器などは希望しないが、
栄養点滴や胃ろうなどによる栄養補給は希望する
＊栄養補給は希望しないが、水分補給は希望する
＊点滴などによる水分補給も行わず、自然に最期を迎えたい
＊苦痛の緩和は最大限行ってほしい

5 死後の身の回りの生活品やクラウドデータなどの処分について

・身の回りの生活品の処分についての希望
（家具、本、衣類、宝石、アクセサリー、骨董など）

・使っているネットサービス、クラウドサービス、
SNSの閉鎖について

6 相続や遺言について

・遺言の有無

・相続への希望（自分の財産をどのように分けてほしいか）

＊自宅は誰に相続してほしいか
＊現金や預貯金は誰と誰に相続してほしいか
＊その他の資産は誰と誰に相続してほしいか
＊その理由など

図表5●エンディングノートを活用して親に聞いておきたいこと

1 これからの人生について

- これからの人生で「新たにやってみたいこと」「やっておきたいこと」は何か
- 解決しておきたいことはあるか
- 仲良くしている人たちの名前、どういうつながりか
- これからも続けたい楽しみや好きなことは何か

2 家計管理や保険加入の状況、財産、負債について

- 預貯金の通帳やハンコなどの保管場所
- 公共料金の口座引き落としや年金を受け取る金融機関（支店名まで）
- 取引のある金融機関、証券会社など（支店名まで）
- 家庭の預貯金の金額
- 金融商品の商品内容と残高
- 介護や入院に備えた保険、死亡時に備えた保険契約の有無
- 自宅不動産の権利書、保険証券などの保管場所
- 現在抱えている負債など（住宅ローン、リフォームローン、車のローンなど）
- 保証人になっているかどうか、なっている場合、誰のどのような保証人になっているか

3 財産の管理方法について

- ひとりで財産の管理ができなくなった時に、誰に管理してほしいか
- 介護施設に入る時に、自宅を含む不動産を売却してもいいか

このほかにも、こんなことも聞いてみるといいかもしれません。

●地元でよく行く、行きつけのお店や好きな場所
●大切な思い出の場所、思い出の出来事
●ずっと大切にしている物

雑談のような感じで気軽に聞いてみましょう。親のことがもっとわかると思いますし、こういうことなら喜んで口を開いてくれるでしょうから、エンディングノートを書くウォーミングアップにもなるかもしれません。

こうした情報は、実は認知症の初期などに役立つこともあるのです。認知症の初期は、物忘れが激しくなっている自分に対して不安に思っていることが多く、気持ちが沈みがちです。好きなことをしにでかけたり、好きな場所に連れて行ったりすることで、気分転換ができたりするのです。

私の義母がまだ元気な時に、どこのデパートが好きかという話をしたことがありました。義母が認知症だとわかってからしばらくして、そのデパートに連れて行くと、背筋も伸びてしっかりと歩き、機嫌よくお店をのぞいていました。

その後、好きな音楽会や美術館にも何度も連れて行きましたが、その都度、家に帰ってから楽しかったねぇと喜んでいました。認知症になっても、好きなこと、楽しいことは覚えていることがあるのですね。

親にインタビューするつもりで

さて、自分のエンディングノートを持って、親のもとを訪ねたら、インタビューをするような感じで、少しずつ話を聞き出していきます。話の順番としては、前章で述べたのと同じように、親の「気持ち」から始めるのがいいでしょう。親がこれからやりたいと思っていることについて聞いていきます。

その際、重要なのは「これだけはやっておきたいことって、何？」と聞くことです。「やっておきたいこと、ある？」と聞くのは「ない」ことが前提となり、好ましくありません。そう聞かれると親は、深く考えずに「ない」と答えかねません。でも、「何？」と聞かれれば、その時は「とくにないなあ」と言いながらも、「やっておきたいこと、何かあるかな？」と考えるようになります。

子どもと面と向かって、自分の気持ちを話すのは恥ずかしい、とためらう親には、「じゃあ後で、書いたものを封筒に入れて、このノートに挟むなり、どこかのページに貼るなりしてね」と伝えてください。その場合、そのとおりになっているかどうか、後で必ず確かめましょう。

インタビューは一度で終わらせようと思わず、時間をかけて行うことも大事。「気持ち」を聞くことができて、お互いにある程度リラックスしてきたら、親が話しやすい事柄から聞き出していきます。

たとえば終末医療や相続については決めかねることが多く、迷ったり悩んだりすることがあるでしょう。そういう時は、「いつでも書き直せるから、とりあえず、いまの考えをメモしておこうね」と言って、いつでもはがして書き直せるように、付箋に書いていきます。

エンディングノートのいいところは、ここです。遺言書のような法的拘束力がないので、何度でも書き直せるのです。書き直せると思えば心のハードルはぐっと下がり、親も安心して自分の気持ちや考えを話してくれるでしょう。こうしたことを繰り返し行っていけば、かなりのことを聞くことができます。

介護や看取りの希望もじっくり聞く

前出の図表5にある「終末期の医療」と介護については、とくにじっくり話をして、本心を引き出しましょう。

介護状態が続いた時に、在宅介護を選択しない（できない）場合は、公的介護施設か民間介護施設のどちらかに入居することになります。

公的施設には、一般に「特養」と呼ばれる特別養護老人ホーム、「老健」と呼ばれる介護老人保健施設、さらに介護療養型医療施設（療養病床）と介護医療院があります（次ページ・図表6）。

特養は、要介護認定3以上の認定を受けた人が入れる施設で、各地域に存在しますが、高齢化が進んで介護認定を受ける人が増えていることや費用面で利用者の負担が少ないことから、どこも「入居待機者500人」とか「申請してから入居まで1年以上かかる」という状況です。

図表6●主な公的介護施設の種類と特徴

	特別養護老人ホーム（特養）	介護老人保健施設（老健）	介護療養型医療施設（療養病床）
主な入所条件	原則65歳以上 要介護3以上	原則65歳以上 要介護1以上	原則65歳以上 要介護1以上
主な対象者	常時介護が必要で在宅介護が困難な人	介護に加え、自宅復帰のためのリハビリが必要な人	介護に加え、医療の必要度が高い人
月額費用の目安	8万〜18万円	8万〜20万円	8万〜20万円

老健やその他の施設については、利用者の介護の程度やサービスの内容によって、どこに入所できるかが決まります。

一方、民間の高齢者施設には、代表的な有料老人ホームのほか、「サ高住」や「サ付き」とも呼ばれるサービス付き高齢者向け住宅やグループホームなどがあります（図表7）。

利用者の希望に寄り添い、こまやかなニーズに対応できるのは公的施設、民間施設で比較すると、民間に軍配が上がるでしょう。しかし、民間の施設は高額な入居費が必要だっ

図表7●主な民間介護施設の種類と特徴

	介護付き有料老人ホーム	住宅型有料老人ホーム	サービス付き高齢者向け住宅（サ高住）
入居一時金の目安	50万～500万円（0円のところもあり）	50万～500万円（0円のところもあり）	主に敷金（家賃の数か月分、0円のところもあり）
月額費用の目安	20万～35万円	15万～35万円	10万～30万円
サービスの内容	生活援助と身体介助サービス	生活援助サービス	見守りと生活相談サービス
介護サービス	施設内で提供	外部業者の訪問介護など	外部業者の訪問介護など

※入居一時金、月額費用は地域などによって異なることがある。

たり、月々の費用もそれなりにかかります。

もっとも、最近では入居一時金不要、月額利用料のみという施設も少なくありません。「ウチの経済状態では施設に入るのは無理」と思い込まず、調べてみると相応なところに巡りあえるかもしれません。ご参考までに、我が家の義母が入居した老人ホームの費用については、第1章44ページをご覧ください。

以上のような介護施設の種類、それぞれの特徴や費用については、あらかじめ自分で調べておいて、親とのヒアリングに臨むようにしましょう。施設の情報は、最近は雑誌などで特集が組まれることが増えていますし、インターネットで調べることもできます。また、地元の地域包括支援センターに赴けば、地域の最新の情報が手に入り、具体的な相談にも応じてもらえます。

親自身、介護や終末医療の話はしておかなければと頭ではわかっているはずですが、自分の「死」と向き合うというのは、そう簡単なことではありません。そうした親の心理や考えを否定せず、話を最後まで聞くよう心がけてください。そして、これはどの事柄についても言えますが、「教えてあげる」という姿勢ではなく、「調べてみたんだけど、一緒に考えてみない?」という姿勢に徹しましょう。

最重要項目は相続&遺言

図表5に挙げた事柄のうち、「相続や遺言について」は、親の死亡後の「争族=相続をめぐる家族・親族のバトル」を避ける意味でも、非常に重要です。

親が亡くなった時、たとえ遺言がなくても、相続に関する記述やメモがあれば、遺産分割をする際の手がかりにすることができるからです。

遺言がない場合の遺産分割協議は、「とにかく平等に分ける」ことに皆が躍起になります。そのため、過去にまでさかのぼり（子ども時代にまで！）、ほかの兄弟、姉妹がどれほど親から優遇されたか、自分はどれだけ親に尽くしてきたかについて侃々諤々《かんかんがくがく》議論されることも少なくありません。そうなると、解決するまで数年以上かかることもありますし、最悪の場合（あってはならないことですが）、刃傷沙汰も起こりかねません。

実際、私が定年後の生活設計の相談を受けた方で、もともとはとても仲のよかった姉妹が、親の遺産をめぐるトラブルによって完全に絶縁状態になってしまったという方がいらっしゃいました。

そうしたことを避けるために、遺産の分け方の指針になるような記述は、きわめて重要なのです。

こうして、手間ひまをかけ、心を砕いて書き上げたエンディングノートも、親が置き場所を忘れてしまったら大変。いざという時にあわてないためにも、親子で話し合って保管場所を決めておくことも忘れないようにしたいですね。

きょうだいで事前に話し合っておく

親とエンディングノートを書く際は、ほかのきょうだいにも「お父さん、お母さんに書いてもらおうと思う」と伝えておきます。「○○は自分の都合のいいように親に書かせた」と思われないためです。

そのタイミングで、「万一、親が要介護状態になった時にどうするか」を、きょうだい間で話し合う時間を設けるといいでしょう。話し合いをする時のポイントは、次の3つ。

- 誰がどのように親をサポートしていくのか？
- 介護費用以外にかかる費用（実家や病院への交通費など）の負担を、どうするのか？
- 支出ではないが、介護を実際に担うことによる経済的な損失（パートを休んだりしたため収入が減ってしまうことなど）をどう考えるか？

さらに、地域包括支援センターの連絡先や自治体が行う高齢者サービスに関する情報なども、すべて全員で共有するようにしましょう。

この話し合いは、「介護の費用負担を、誰かひとりが背負わないようにする」という意味合いもありますし、いずれ行うことになる遺産分割協議をスムーズに進めるためにも、とても重要です。

何か新しい情報が入ったり、親の様子に少しでも変化があった時に、すぐに連絡を取り合えるよう、きょうだい間でＬＩＮＥグループなどをつくっておくといいでしょう。

第4章 「親のお金」を守る制度の活用法

親が要介護になる前にやっておきたいこと

先述したとおり、親が認知症を発症したり、その他の病気や事故などによって判断能力を失った場合には、本人はもちろん、実の子どもでも預貯金の引き出しや生命保険の解約ができなくなりますし、介護費用にあてようと実家を売却したり貸したりしようと思っても、それは叶いません。

親が、快適な老後生活を送るため、あるいは気に入った老人ホームに入居するためにと多額の資金をせっかく用意していたのに、それが使えなくなってしまうのです。まあ、これは親の財産を見知らぬ人に悪用されないために作られた法律やルールなので、仕方がないです。しかし、そうなると、当面の資金は子どもが支払わねばなりません。

ここで忘れないでほしいのが、「親の介護は親のお金で賄う」が鉄則ということ。では一体、どうすればいいのでしょう?

選択肢の1つが「成年後見制度」の利用です。

認知症などによって判断能力が不十分な人に代わって、財産管理や身上監護

（身の回りの契約行為や諸手続きなどを行うこと）を目的として、２０００年に成年後見制度がスタートしました。

成年後見制度には、２つの制度があります。１つは、すでに判断能力が不十分な人の親族などが家庭裁判所に申し立て、判断能力の程度に応じて後見人や保佐人、補助人を選任してもらう「法定後見制度」。もう１つは、判断能力があるうちに、自分が将来認知症などになった時に備え、信頼できる人と自分の財産管理を頼む契約をしておき、判断能力が低下したら家庭裁判所に申し立てをして、後見人になってもらう「任意後見制度」です（１１９ページ・図表8）。

制度の硬直化で起こる問題

判断能力が不十分だとみられる認知症の人の総数は、２０１２年の調査では４６２万人とされていますが（内閣府「平成29年高齢者社会白書（概要版）」65歳以上の認知症患者数）、成年後見制度を利用している人の数は約22万人（最高裁判所事務総局家庭局「成年後見関係事件の概況」平成30年1月～12月）と、

5％弱にすぎません。その理由は、この制度の使いづらさにあると言われています。

老老介護で、たとえば85歳の夫の面倒を見ている80歳の妻がこの制度を使おうとした時、申し立てをする際の書類（申立書のほかに、戸籍謄本、住民票、診断書、本人の財産一覧表など）を整えることが、介護しながらの身にどれほど大変なことか。想像しただけで気が遠くなります。もちろん行政書士などに書類を作成してもらうこともできますが、その費用は10万円～20万円とバカになりません。

後見人の役目は、本人の財産管理と身上監護です。ここでいう財産管理とは、本人に代わって必要のない支出はできるだけ避けて、減らないように財産を守ることです。身上監護は、直接の介護ではありませんが、本人の健やかな生活のために、病院関係の手続きや施設入所等の手続きなどを行います。介護サービスや入所手続きをした後も、そのサービスが適切に行われているかチェックしなければなりません。

図表8●成年後見制度の仕組み

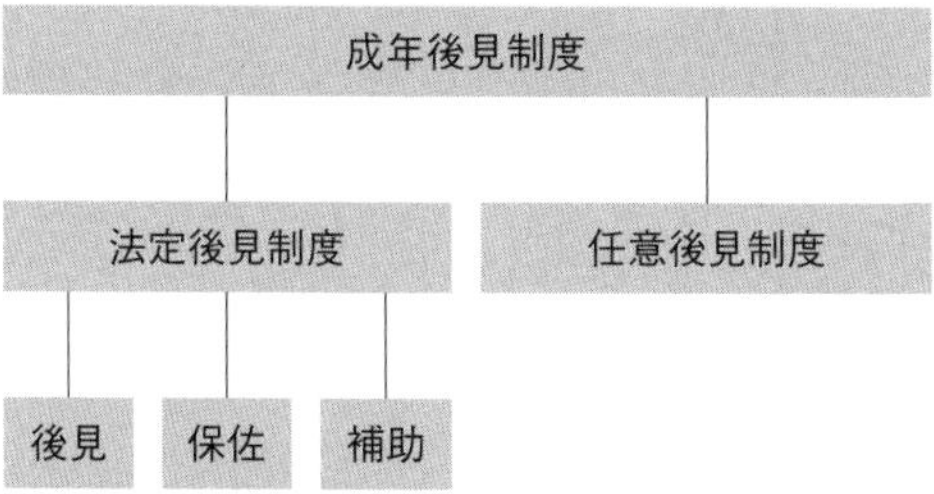

法定後見制度は、判断能力の程度によって、後見、保佐、補助の3つの制度に分かれており、それぞれ成年後見人、保佐人、補助人が付く。
目安は次のとおり。
・後見相当＝自己の財産を管理処分することができない。
・保佐相当＝常に援助が必要である。
・補助相当＝援助が必要な場合もある。

後見人は、介護福祉士、ケースワーカー、市町村の職員などと連携しながら、被後見人の身上監護を進めていくことになります。

法定後見制度の問題点は大きく4つあると、私は考えています。

まず1つめは、後見人にすべての財産の管理を任せることになるので、家族は介護に関するお金が必要になるたびに後見人に請求をして、お金を渡してもらわなければならないということ。忙しい子ども世代にとって、それはかなりの手間ですし、「渡してもらう」ということに対して心理的に抵抗を感じる人も多いようです。

2つめは、お金の使い方について、後見人や家庭裁判所に「支出が本人のためにならない」とされると、お金を出してもらえないことです。

たとえば、母親はおしゃれな人なので、白髪を染めてあげようと美容院に連れて行く旨を伝えたところ、「それは必要ですか?」と一蹴されたり、親がせっかくコツコツお金を貯めていたのだから、老人ホームの個室に入れてあげたいと言っても、「多床部屋のもっと安いところを検討してください」と言われて、お金を渡してもらえなかったという話もよく耳にします。

以前、テレビを見ていたらこんな事例も紹介されていました。妻に先立たれた80代の男性とひとり娘のケースです。父親の体力が衰えたことで、離れて暮らしていた娘が父親のもとに戻り、家を借りて一緒に住むことになったのです。娘はそれまでの仕事を辞め、地元で再就職しましたが、収入は激減。そのため、家賃は父親が払っていました。しばらくして父親は、後見人をつけることになりました（どうしてつける必要があったのかには触れていませんでしたが）。

ところが、家賃を払いたいからと娘が後見人のところに行くと、「お父さんの分は出せますが、あなたの分は出せません」。家計も個人の財産として管理する後見人にとっては、実の娘であっても父親の財産を脅かす存在というわけです。同居しているのが妻であれば「扶養」という名目で生活費などは出してもらえるのでしょうが、自分で働いて収入を得ている娘の分の家賃までは出せないということのようです。

このケースも、後見人としては意地悪をしているつもりはなく、本人の財産を守るという自分の役目を全うしなければと考えてのことでしょうし、家庭裁判所に報告も義務づけられていますから、後見人の支払いルールに従って、実務をこなしているのだと思います。後見人個人の裁量ではなく、制度がそうなっているので、仕方のないことなのですが、こうした後見人の〝冷たい姿勢〟(たとえ正しいお仕事をしていたとしても！)に傷つく家族は少なくないと聞きます。

本人のQOL(生活の質)をよくすることではなく、資産を守ることが後見人の責務なので、「必要と思われないお金は1円たりとも出さない」というわけです。制度の目的を考えれば、たしかにそうなのですが、あまりにも硬直化していると言わざるを得ません。

3つめは、後見人がつく場合には、報酬を払わなくてはならないこと。家族であれば、無報酬でも構わないでしょうが、職業後見人(弁護士、司法書士、社会福祉士など)をはじめ、第三者が後見人につく場合には、そういうわけにはいきません。家庭裁判所が定めた報酬を本人の財産から、後見人に払います。報酬の基準は、月額2万円。管理する財産が1000～5000万円の場合は月額3～4万円、5000万円を超えると月額5～6万円、と定めている家庭裁判所もあります。

4つめは、法定後見制度は、判断能力が不十分な人のための制度なので、「判断能力のある人」は、体の自由がきかなくて銀行などに行けないという場合でも、利用することができないということ。財産管理を家族や親族以外の人に依頼するのであれば、信頼できる人と「財産管理等委任契約」を結ぶ必要があります。それによって、本人に代わって銀行手続きなどの代理行為ができるようになります。

一方、任意後見制度もいくつか問題があります。任意後見制度は、信頼している人に後見人になってもらう契約を結び、自分の判断能力が低下して財産管理がむずかしくなった場合の資産の管理や身上監護をしてもらうというもので、事前に公証役場において任意後見契約を結んでおかねばなりません。しかもそれは本人が認知症になるまで発効しないので、本人が自分で判断できなくなった時点で、後見人になる予定の人（任意後見受任者）や家族が「任意後見監督人」の選任を家庭裁判所に申し立てる必要があります。その後1～2か月の審理期間を経て、後見監督人が決まった時から事前に決めた「任意後見契約」を実行することになります。手続きは法定後見制度の申し立てと同じですが、事前に決めて契約を交わす分、手間も時間もかかります。そして、任意後見人だけでなく監督人にも報酬を払うことになるので（その額は家庭裁判所が決定）、金銭的な負担は増すばかりです。

また、法定後見制度と同様、お金の使い方にかなり制約があります。監督人は家庭裁判所から派遣されてくるので、お金の流れをチェックし、時には口を出すこともあります。

せっかく任意後見契約を結ぶのであれば、認知症になっても自分はこのように生きていきたいと、細かなライフプランを書き込んでおくことが大切です。それによって、お金の使い方についてチェックされた時に、「本人の望みで契約書にも書いてあることだから」と監督人にも伝えることができます。もし、そのライフプランの条項がない、誰でも使えるようなひな形のような任意後見契約では、ほとんど法定後見と同じような制限がかかってくると思ったほうがいいでしょう。そんな契約書をつくるのであれば、わざわざその人のために契約する意味がありません。自分の生活スタイルを守っていく契約書を交わすわけですから、十分考えて、無駄にならないようにしたいものだと思います。

見直しが必要な成年後見制度

後見人は、誰がなってもかまいません。制度上は家族・親族でも後見人になることができます。実際、制度がスタートした当初は後見人の約9割を家族・親族が占めていました。

しかし現在、家族・親族の後見人は全体の3割弱と激減、弁護士など職業後見人が7割以上を占めています。その背景には、後見人による不正（本人の財産の使い込みなど）の9割が家族・親族後見人によるものだということがあり、家庭裁判所がその選任に慎重になっているからです。

同様の理由で、家族が後見人になりたいと思っても、本人の資産が多かったり、家族の中に後見人をつけることに反対する人がいたりする場合には、認められないことが多くなっています。

本人の趣味や嗜好などを一番よく知っているのは、身近な人たちです。とくに認知症患者の場合、自分のこだわりや好きなことを取り上げられると混乱しがちなので、それを考えると、親族が後見人を務めるメリットは小さくないのですが……。

2019年3月に厚生労働省によって行われた「成年後見制度利用促進専門家会議」の場において、最高裁判所が「後見人等の選任の基本的な考え方」として、3つの項目を上げていますが、注目したいのは次の2点です。

①本人の利益保護の観点からは、後見人となるにふさわしい親族等の身近な支援者がいる場合は、これらの身近な支援者を後見人に選任することが望ましい。

②後見人選任後も、後見人の選任形態等を定期的に見直し、状況の変化に応じて柔軟に後見人の交代・追加選任等を行う。

簡単に言ってしまえば、「後見人にふさわしい家族がいる場合は、家族を後見人にすることが基本」ということと「(使い込み等の犯罪でもおかさない限り辞めさせることがむずかしかった) 後見人を交代できるようにする」ということです。

後見人としての仕事とはいえ、先ほども述べたように、本来は被後見人本人のお金なのにもかかわらず、それを家族から取り上げるのが当然、細かに申告しなければ渡さないぞ、という横柄な態度をとる職業後見人や、身上監護はおろそかで財産管理だけをする職業後見人、必要な支出にもかかわらず「またですか」というような家族の気持ちを逆なでする発言をする職業後見人が、結構な数に上っていました。家族から後見人を交代させてほしい、後見人を辞めさせてほしいと家庭裁判所に訴えても、取り合ってくれないことが多かったのですが、それを改めようという姿勢を見せたわけです。

成年後見制度の目的は、本人の尊厳と財産を守ることですから、専門家の知識が必要な場合もあります。しかし、実際には、そこまでの専門知識は必要としない規模の財産が多いのではないでしょうか。その場合は、家族で十分なような気がします。財産が多く、家族後見人の使い込みが心配であれば、後見監督人をつけるのではなく、報告を受ける家庭裁判所がしっかりチェックすればいいだけの話です。

最高裁の出した「後見人等の選任の基本的な考え方」は、すでに各地の家庭裁判所に通知され、家庭裁判所はこれを受けて、「中央での議論の状況等を踏まえ、自治体や各地の専門職団体等とも意見交換の上、検討を進める」としています。家族が後見人になるのが当たり前という状況になるといいなぁと心から思います。各地の家庭裁判所が、どのように判断を変えていくのか、注目していきます。

ただ、後見人を数件受任している何人かの司法書士の知人に聞いたところ、いまの段階では、とくに家庭裁判所からの通達もなく、何も変わっていないということでした。家族が優先的に後見人に選任されるように変わるまで、まだ時間がかかるとは思いますけれど……期待して待ちましょう！

なお、成年後見制度は、いったん利用を始めると、本人が亡くなるまでは利用を続けなくてはなりません。そのあたりのことについて、誤解をしている人が多いので、説明しておきます。

後見人を申し立てる理由の多くは、「預貯金の引き出しや解約のため」「介護保険の契約のため」「遺産分割協議などの相続手続きのため」などです。その手続きが終わったら、後見人の任務が終了したと思っている方が実に多いのですが、そうはなりません。契約や手続きという実務の必要がなくなっても、後見人は本人が亡くなるまで、ずっと後見人であり続けるのです。つまり、後見人に報酬を払い続けなくてはならないのです。

この点も、成年後見制度がはたして利用者に寄り添ったものなのかどうか、と疑問に思うわけです。

新たな制度「民事信託」

認知症になった後の高齢者の財産管理の事前対策として、硬直化した成年後見制度を補完、またはそれを上回る管理ができるのが、「民事信託」という制度だと思っています。

そもそも信託とは、大正11年に制定された「信託法」という特別法に基づいて行う財産管理の手法の1つで、おもに信託銀行や信託会社などが報酬を受け取って財産の管理・継承を行う「商事信託」を中心に発展してきました。

しかし、社会の高齢化が進む中、個人の財産管理や遺産の承継を目的とする「民事信託」のニーズが高まったことで、84年ぶりに信託法が見直されることになり、2006年12月に新しい信託法が成立。2007年から民事信託の制度がスタートしました。

民事信託とは、簡単に言うと「信頼できる家族や個人に、財産の管理・処分を任せて、財産を与えたい人に給付・承継する仕組み」。商事信託と違って営利を目的とせず、委託者（財産を預ける人）が、特定した財産（信託財産）を受託者（財産管理をする人）に移転し、受託者は、委託者の願いどおりに財産を管理、処分、運用して、その財産を与えたい人（受益者）に、給付・承継させていく仕組みです。

民事信託の大きな特徴は、委託者と受託者の間で独自の信託契約を交わすことで、自由に設定（信託目的、信託財産や信託期間、受益者などの指定）ができること。信託財産の管理運用については任意後見契約のような制約はなく、契約書の目的に応じた受益者のための運用であれば、受託者はさまざまな運用が可能です。その意味で、より「柔軟で想いが伝わる」制度と言えるかもしれません。

家族で財産を守る「家族信託」

民事信託の中でも、家族による家族のための民事信託を「家族信託」と呼んでいます。財産を託す人（委託者）と託される人（受託者）が家族で、高齢者や障がい者のための財産管理や相続を実現させることができます。

この「家族信託」について詳しく見ていきたいと思います。まず、次ページの図表（図表9―1）を使って説明しましょう。

図表9-1●家族信託の仕組み（自益信託の例）

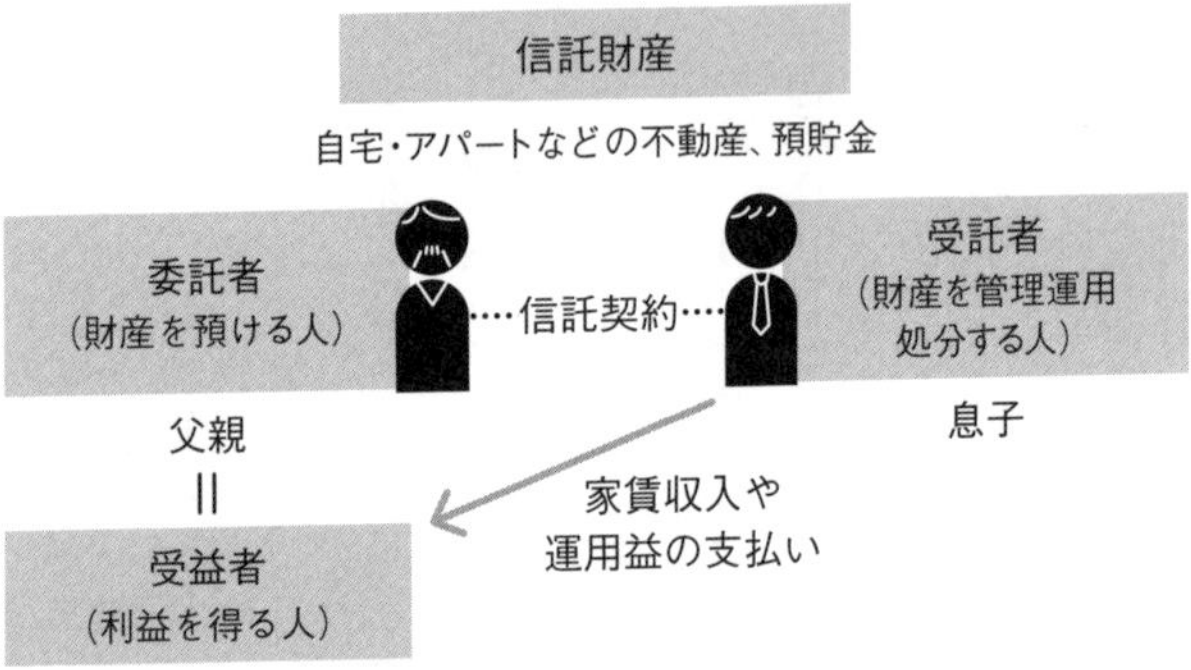

父親が、管理がむずかしくなった自分の財産（自宅やアパート、預貯金の一部など）を息子に託して管理・運用をしてもらい、その収益を分配してもらいます。このケースでは、父親が財産を託す「委託者」、息子がその財産を託される「受託者」。収益を受ける人を「受益者」といいますが、この場合、父親は委託者であるとともに、受益者ともなります。

父親が元気で、判断能力も衰えないうちにこうした契約を交わしておけば、認知症になった後でも自分のため（介護費用など）の財産の管理や運用、あるいは自宅の改修や売却、建て替えも可能です。また、必要であれば、相続税対策のために新たに不動産を購入することもできます。単に資産を管理するだけでなく、相続対策のために信託財産を運用したり処分したりできる点が、成年後見制度との大きな違いです。

信託財産とする自宅やアパートなどの不動産は、父親から息子に所有権を移します。また、信託財産とする預貯金（総資産の一部）も息子名義の信託財産を管理する専用の口座に振り込みなどで移します（預金の名義書き換えではありません）。信託契約に基づく不動産の所有権移転や預貯金の移転に関しては、受託者である息子に贈与税はかかりません。

たとえば、不動産を売却して、そのお金で老人ホームなど施設に入る場合でも、この例ならば、アパートは息子が売り主となって売却するので、父親が認知症になっていても問題なく売ることができ、施設に入るための費用を賄うことができるのです。

不動産の所有権を移転する場合は、法務局に「信託による所有権移転」として登記されます。所有権が息子に移ったといっても本来の所有者は父親なので、アパートの売却利益は父親の財産。受託者である息子は契約に従って、売却代金を信託財産として引き続き管理することができます。

さらに、家族信託では、遺言の代わりに遺す財産の行く先を決めることもできます（図表9―2）。

たとえば、父親の財産を娘が管理・運用し、父親が元気なうちは父親に利益の分配、あるいは生活費として定期的に渡す。父親が亡くなった後は、母親を第2受益者としておくことで、財産がある限り、父親が生きている時と同じように収益や生活費を母親に渡すことができます。信託財産については遺産分割協議が不要になりますので、母親がその時点で認知症になっていたとしても、相続トラブルを避けることができます。第2受益者に受益権が移る際、資産の額によっては相続税がかかる場合もありますが、小規模宅地等の特例や配偶者税額控除などの制度が利用できます。

また、「母親が亡くなった後は娘に自宅を継承させる」というような契約も可能です。このように、実質、遺言の代わりになるというのも、家族信託の大

図表9-2●遺言の機能をもたせた家族信託

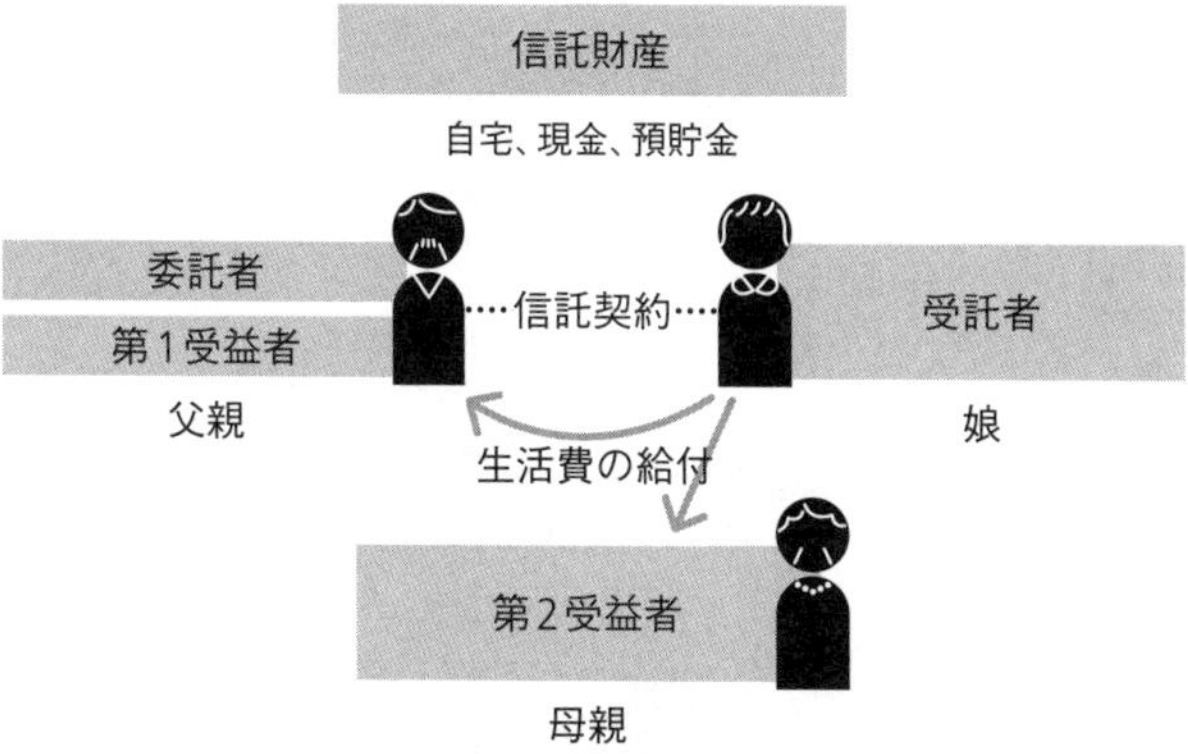

契約書にて「父親の死亡後は次の受益者を母親にする」と指定することができる。それにより、父親の死亡時に母親が認知症になっていても、そのまま信託契約を継続させ、信託財産の分は遺産分割せずに、母親に生活費の給付を続けることができる。

きな特徴です。

家族信託（民事信託）のメリットを5つ挙げてみましょう。

①認知症など判断能力がなくなっても資産（不動産や預貯金など）の凍結を避けることができるので、委託者である親の介護や入院で必要となった費用を子どもが立て替えることなく、親の資産で支払うことができる。

②委託者の希望や方針に反しない限り、資産の組み換え（老朽化した賃貸物件の建て替え、不動産の買い換え、借り入れによるアパートの建設など）による「相続対策（相続税対策）」を自由に実行することができる。

③委託者が亡くなった後も信託を継続させて、遺産をもらった人の財産管理が受託者のもとで引き続きできるようになる。

④遺言ではできない、相続以降の遺産の承継先まで自分で指定することができる。

⑤委託者の相続が発生した時に、不動産の共有名義を回避することもできる。

③は、たとえば、図表9―2のように、委託者（父）が亡くなった後に遺さ

れた母親が認知症になっても、引き続き信託の仕組みの中で、母親の生活資金をサポートすることができるのです。

④について、もう少し詳しく説明すると、もし委託者（父）が亡くなった時点で遺された第2受益者である母親が認知症になっていると、母親は遺言能力がありませんから、次の承継者を指定できません。それを避けるために、あらかじめ自分の相続の次の相続を「妻亡き後には娘に自宅を継承させる」というように指定しておきます。そうすれば、資産を娘に継承させることができます。

⑤のメリットは、不動産を将来的に子どもたちで共有せざるを得ない場合、信託財産にしておけば、共有者全員の同意（実質的には全員の実印の押印など）が得られずに不動産が有効活用・処分できなくなるというリスクを避けることができるようになるということです。

民事信託ではできないこと

次に、民事信託ではできないことやデメリット、注意すべき点をお伝えします。

まず民事信託ではできないことは、次の2つです。

①本人の治療、療養の同意（身上監護）、入院手続きや施設の入居手続き等に関する法律行為は、受託者という身分だけではできない。

②信託財産以外の遺産の指定は遺言が必要になる。

①の理由は、民事信託はあくまで委託者の財産の管理・処分を行う制度であり、身上監護や契約の代理を行う権限がないからです。もちろん受託者が家族であれば、家族として手続きをすることになります。しかし、シングルの方で、家族以外が受託者になっている場合、「信託における受託者」が治療、療養の同意、入院等の手続きの契約行為を行うことはできないのです。

そのため、委託者に身上監護が必要になった場合、別途、成年後見制度を利用する必要があります。それでも身上監護の域を超えた治療の同意は後見人でもできません。

②については、信託財産が本人のすべての財産ではないからです。信託財産

以外の財産について、遺産の承継先を決めておきたい場合は、信託契約とは別に遺言書を作成し、指定しておく必要があります。

また、デメリットとして挙げられるのが、「税務申告手続きの手間が増えること」です。

信託の開始時には、受託者が税務署に「信託に関する受益者別（委託者別）調書」「信託に関する受益者別（委託者別）調書合計表」を提出する必要があります。自益信託の場合は不要ですが、他益信託の場合は、提出する必要があります。また、信託財産に年間３万円以上の収益がある場合は、「信託の計算書」「信託の計算書合計表」を税務署に提出しなければなりません。さらに、収益物件を持っていて信託財産からの不動産所得がある方は、毎年の確定申告の際、不動産所得用の明細書のほかに信託財産に関する明細書を別に作成して添付しなければなりません。

そして、民事信託で最も注意すべき点は、「場合によっては、長期にわたって当事者を拘束することになる」ということです。

民事信託は委託者と受託者との約束ごとですから、自分が亡くなった後の資産の継承者として、第2、第3の受益者を指定することもできます。しかし、それによって、信託契約が長期にわたって続くことになり、その間ずっと、当事者を拘束することになります。

会社経営をしている人の事業承継などでは、この機能が大きな効果を持つ可能性があります。しかし、一方で、何世代にもまたがり、長期にわたって資産の処分に制限をかけるようなことにもなりかねず、その時の経済状況や不測の事態に対応できないリスクがあります。関係者に多大な損失を与えないとも限りません。20年、30年先を見据えた民事信託を設計する場合には、慎重に考え抜いて、周囲によく理解してもらうと同時に、専門家にアドバイスを求めることも大切になります。

民事信託契約の結び方

民事信託の契約書は、書店に行けば民事信託関連の本がたくさんあり、そこに契約書の書き方が記してありますし、インターネットで検索すると、契約書のひな形もすぐに手に入れられます。

しかし、そのひな形を何も考えずに使用するのは危険なことなので、私はお勧めしません。民事信託は応用範囲が広いので、個々の事情に応じてオーダーメイドの契約書をつくらないと、結果的に委託者の願いが反映されないこともあるのです。

また、税務関係も複雑なため、詳しく知らずにつくってしまうと、あとあと「こんなはずではなかった」と思うようなことがあるかもしれないからです。

当然のことながら、契約書をつくるにあたっては親やきょうだいとよくよく話し合う必要があります。ただ、第2章でもお話ししたように、家族間でも、いえ、家族だからこそお金の話をするのはむずかしいもの。せっかくの制度も、話がこじれてしまったら大きなトラブルにつながりかねません。

実際に、自力で民事信託をつくったものの、それが欠陥だらけだったために家族の間でもめてしまい、裁判沙汰になったケースもあります。ですからやはり、専門家に任せることをお勧めしたいのです。

いきなり相談するのがためらわれるようなら、営利目的ではない、弁護士会、司法書士会等の士業の団体がやっているような初心者向けの無料セミナーなどで知識を得るのもいいかもしれません。

民事信託に関する専門家と呼べる人は、弁護士、税理士、行政書士、そして私のようなファイナンシャルプランナー等の資格者の中で、民事信託の実務をしている人を指します。インターネットで検索すれば、地元の専門家を探すこともできますし、口コミや友人・知人に紹介してもらうのもいいでしょう。

見極めるコツは「聞き方」にあり

相談先を選ぶ際、1つ気をつけたい点があります。

民事信託についてテレビや雑誌などで取り上げられるようになったこともあって、「民事信託ならお任せを」といった看板を掲げる人が増えました。相談窓口が増えるのはとても喜ばしいことですが、スタートしてからそう経っていない制度だけに、実際に民事信託案件を請け負ったことのある人は、そう多くありません。

民事信託は問題解決のツールにすぎません。「契約書の作成を請け負いますよ」という「信託契約ありき」の宣伝は、どうも私の中ではなじまないのです。

認知度が少しずつ高まってきたので、私の相談所でも最初から民事信託をつくってくださいというご家族からの依頼が増えてきましたが、いまのところ、民事信託の契約書の作成依頼よりも、抱えている不安や問題を解決したいという気持ちから相談に来て民事信託という制度を知り、それを使いたいというケースのほうが多いです。民事信託はあくまでも解決のためのツールの1つ。最初から契約ありきで取りかかると民事信託をつくらなくても問題を解決できる人まで、つくることになりかねません。

弁護士や医師に自分の抱える問題や病気の相談をする時、誰にすればいいかと迷ったら、まず「場数を踏んでいる人」「経験が豊富な人」がいいだろうなと考えますよね。

民事信託についても同じで、数をある程度こなしている経験の多い人に依頼したほうが間違いないように思います。事情も実情も、請け負った家族の数だけ実例があるわけで、そのデータが多いほど次の案件に活かすことができて、適切な対応ができるのではないかと思うからです。

さらに、数をこなしているだけでなく、民事信託の契約を結ぶ前後の家族のカウンセリングやフォローまでを請け負ってくれる人が望ましいと、私は思っています。つまり、単に書類を作成するだけでなく、家族の問題に正面から向き合って本人の意思を尊重し、抱えている問題に対してどのような解決法があるか、この場合は民事信託をつくらなくてもいいのではないか――そんなことまで考えて相談に乗ってくれる人がベストです。

相談先を見極めるコツは、最初に電話などで問い合わせる際の「聞き方」にあります。「民事信託を扱っていますか?」と聞いたら、「扱っています」という答えが返ってくるだけでしょう。相手にどれだけ経験があるかは、わかりません。まずは、「わが家はいま、こういう問題で困っている（悩んでいる、迷っているなど）。民事信託というものがあると聞いたのですが、それで解決できるでしょうか。それとも、ほかに何か方法がありますか？」と聞いてみてください。

そこで、こちらの話をたいして聞かずに「民事信託ですね、できますよ」と即答する、あるいは、こちらが尋ねた問題について「うーん、それは……（もごもご）」という相手は要注意。経験が乏しいか、民事信託が得意ではないかもしれません。

一方、話に十分耳を傾け、「一度、詳しいお話をお聞かせくださいませんか」「その問題でしたら、民事信託にしなくても解決できるかもしれませんよ」などと答えてくれる相手なら、まず間違いはないでしょう。

民事信託にかかる費用

専門家に民事信託の契約を依頼する場合、気になるのは費用でしょう。手続きにかかる費用の内訳は、おおまかに次のようになります。

●コンサルティング料（信託契約の内容を設計してもらうための費用）
●信託契約書の作成料（コンサルティング料に含まれているケースもある）
●公正証書化の実費（信託契約書を公証役場で公正証書にする場合、公証役場へ払う手数料）
●登記報酬（信託財産に不動産がある場合、名義変更を司法書士に依頼する際の報酬や送料、交通費などの費用）
●登録免許税（信託財産に不動産がある場合、名義変更手続きにあたって国に支払う税金）
●その他、実費（戸籍謄本や登記簿謄本など、家族関係や信託財産について調べるために必要な各費用）

これらの費用について、金額の目安をお伝えするのはとてもむずかしいです。というのは、信託財産の額や資産内容、仕組みをどうするかで大きく変わってくるからです。

コンサルティング料は、最低額はあるものの、信託財産の価格に対して0・

5～1％を設定しているところが多いようです。信託財産にしたい財産についていて調べなければなりませんから、物件が多かったりする場合には、やはりそれなりに時間がかかります。

信託契約書の作成料は、内容によって、20～30万円（消費税別）としているところが比較的多いようです。

登録免許税や戸籍謄本の手数料等の実費部分を除いて、司法書士の報酬、公正証書にする際の手数料などは、信託財産にもよるので一概には言えませんが、合わせると20～50万円くらいが多いと思います。

ちなみに私が所長を務めている「元気が出るお金の相談所」では、問題解決のためのコンサルティング料も含む契約書の作成サポートで、平均して50～60万円（最低30万円から。地方の場合は出張交通費が加わります）で依頼を受けることが多いですが、そこに相続対策なども絡んでくる場合には、別途報酬と費用が発生します。

私の相談所では、まず問題解決のためにご家族と面談してヒアリングを行い、それから問題解決の道筋を提案しています。その中で、民事信託の契約が必要であれば、ご家族（関係者全員）にその仕組みと効用と費用をお伝えし、合意が出てから契約書の作成に取り掛かります。仕組みづくりはひとりでは行いません。そのご家族に合った民事信託のプランを考え、設計図のようなものをつくって、チームのメンバーにチェックしてもらいます。相談者の多くは民事信託を知りませんから、仕組みやプランについて丁寧な説明が必要になります。

それから契約書の作成が始まります。専門家による法律上の問題がないかなどの確認作業も入れて、ご家族に確認をしてもらったら契約書の完成です。しかし、契約書をかわし、実際にご家族が受託者になって運用を始めてみると、わからないことがたくさん出てきますので、半年から1年くらいは、サポートが必要になります。私の相談所では、その費用も含めての金額で依頼を受けています。

単純に比較することはできませんが、成年後見制度を利用した場合、後見人や監督人にそれぞれ月2～3万円を本人が存命の間、10年以上も支払い続けることを考えると、民事信託のコストパフォーマンスは、そう悪くはないと思うのですが……。

なお、信託契約書の作成を含んだコンサルティングは、経験値や問題解決力も大事なので、相見積もりを取って、単純に金額の比較検討をすればいいというわけにはいかないと思います。コンサルタントとの相性もあります。そのあたりをリサーチする意味でも、何か所（何人）かに問い合わせてみることをお勧めします。電話の受け答えでおおよその人柄はわかるのではないでしょうか。

家族全員の同意が大前提

民事信託をつくる際、家族で話し合う必要があるということは先に述べました。もともと民事信託では、財産を家族のうちの特定の誰かに遺す、ということが可能です。他のきょうだいに内緒で民事信託をつくって特定の人が財産を多く相続するような契約内容にしてしまうと、委託者が死亡した後に、ほかの家族から不平等ではないかとクレームがついたりして、もめることになります。

ですから私の相談所では、私が説明にうかがっても、家族全員の意見が一致しない限り、原則的に民事信託は作成できないとお伝えしています。

民事信託そのものでもめるというよりは、相続が発生した時に、残った信託財産の行方でもめるのです。残った信託財産は「残余財産」といって、「相続人に引き継ぐ」と書いてあれば、法定相続人みんなで遺産分割をすればよいのですが、残った財産の行方を決めておくという契約もできます。その場合、いざ相続が発生してみたら、相続財産が手に入ると思っていた相続人は当てが外れて不満を持つかもしれません。

よくありがちなのが、子どものうちの1人が「信託をつくる時、親父はすでに認知症だったんじゃないか？　兄貴はそれを承知で、だからこそ急いで民事信託にしたんだろう」と言い出すケースです。それまで音信不通だったような子どもに限って、親が亡くなると突然現れ、うまくいっていたものをひっくり返す……。まるで、ドラマさながらのことが本当に起こるのです。

こうしたことを防ぐためには、「家族全員の同意のもとで信託をつくる」ということが重要になります。もともと不仲だったりする家族だと、それがそもそもむずかしいのですが、親が高齢であればあるほど、ぐずぐずしてはいられません。意思疎通が図りにくい家族でも「あいつは話をしても無駄だから」などと除外せず、とにかくオープンに、全員が情報を共有しながら話を進めてほしいと思います。

「家族の意見は一致していないが、お金の管理やアパートの経営などがこれ以上できないので、どうしても民事信託をつくって、近くに住む子どもに任せたい」と、ご本人から切々とご要望を訴えられ、断ることができずに例外としてお引き受けしたこともあります。

ただし、その際は、委託者である本人について「認知症の所見は見当たらない」とか「判断能力は十分にある」などの医師のお墨付きを必ずもらうようにしています。「契約を交わした時に認知症になっていたからそれは無効だ」というクレームをつけさせないためです。

ただ、そこまでしていても、もめることはあります。民事信託は前述のように遺言の代わりになるだけでなく、遺言ではできない2次相続についても、その遺産の継承を決めておくことができます。それほどの権限を持った契約だからこそ、トラブルが起き、家族関係が壊れる可能性もあるのです。その意味では、民事信託を任せる人の条件に、「家族間のトラブルの調整までしてくれる人」も加えたほうがいいかもしれません。

なお、先ほど「認知症の所見は見当たらない」という医師のお墨付きをもらうとお伝えしましたが、親が認知症と診断されてしまったら、「判断能力がない」からということで、民事信託はもうつくれないのでしょうか？　認知症にもさまざまなレベル、症状がありますから一律に決めることはできません。その人にどの程度の理解力があるのかをちゃんと見極める必要があります。

私の相談所では、ご家族から「親が認知症と言われたが民事信託の契約は可能でしょうか」というご相談があれば、遠方であっても必ず親御さん本人と面談をさせていただいています。というのも、ご本人の健康状態や理解力を直接確認しないことには何も始まらないからです。

資産の管理や運用について、どのように継承していきたいと思っているのか、ご家族に任せてもいいのかというご本人の思いや希望を直接うかがって、契約能力の有無を確認しています。

あるご家族から依頼があって、地方在住の高齢の親御さんに会いに行った時のことです。その方はアルツハイマー型の認知症と診断されていましたが、信託の仕組みを説明した後、「自分は子どもたちに恵まれている。本当に、よく介護をしてくれるし、生活面でのサポートもしてくれる。その子どもたちが自分のためを思って、財産の管理をしてくれるというのだから、こんなありがたいことはない」と嬉しそうに話されました。これはもう、ご家族のためにもご本人のためにも民事信託をつくるしかないと強く思いました。

医師の診断書や介護認定における要介護度だけで、契約能力（判断能力）の有無を判断することはできないということです。

大事なことは、老親や家族が何を実現したいのかという「目的」です。それを明確にしなければ、民事信託の設計はできません。相続税対策なのか、成年後見制度に代わる負担の少ない柔軟な財産管理の実現なのか、将来の遺産争いを防ぐ目的なのか……。このことは、家族内でぜひ意思を統一してほしいと思います。それが民事信託契約の成否に大きくかかわるのです。

まずは本人及び家族の〝想い〟を皆で共有した上で、その目的を実現する選択肢の1つとして民事信託を検討していきましょう。

なお、「家族全員の同意のもとで」と言いましたが、契約内容を決める時は、血のつながりのある家族だけにして、それぞれの連れ合いには席を外してもらうほうが賢明です。とくに契約の一番のコアとなる遺産の遺し方については、法定相続人だけで話し合うこと。そのほうが話がこじれずにすむからです。契約書をつくった後の運用に関しては、連れ合いも含めた家族全員でＬＩＮＥのグループをつくるなどして情報を共有することをお勧めします。それがトラブル回避につながると思います。

第5章

絶対避けたい「相続トラブル」の防ぎ方

介護の失敗が相続を「争族」にする！

しつこく言いますが、親の死後、相続については何かしら問題が起こるものです。そして、もめる家族の76％が５０００万円以下の遺産で争っています。１０００万円以下でも33％です（図表10）。

たとえば、１０００万円の遺産をめぐって、３人の子どもが争っているＡ家。亡くなった親の介護を「した」「しない」でもめてしまいました。介護をしなかった子どもは法定相続分の権利を主張して譲りませんが、介護をがんばってきたほかの２人のきょうだいは納得できません。

そこで、各々が弁護士をつけ、手数料を払うとなると、手元にどれほどのお金が残るのか。もめごとは、時間も体力も気力も消耗します。Ａ家の３人も冷静になれば「そこまでする必要はない」と思えるのでしょうが、いざ遺産分割協議に臨むと、お互いに意地の張り合いになるのです。

実は、こうした相続トラブルと介護の問題がセットであるケースが少なくありません。

図表10

遺産分割事件のうち認容・調停成立件数 7507件

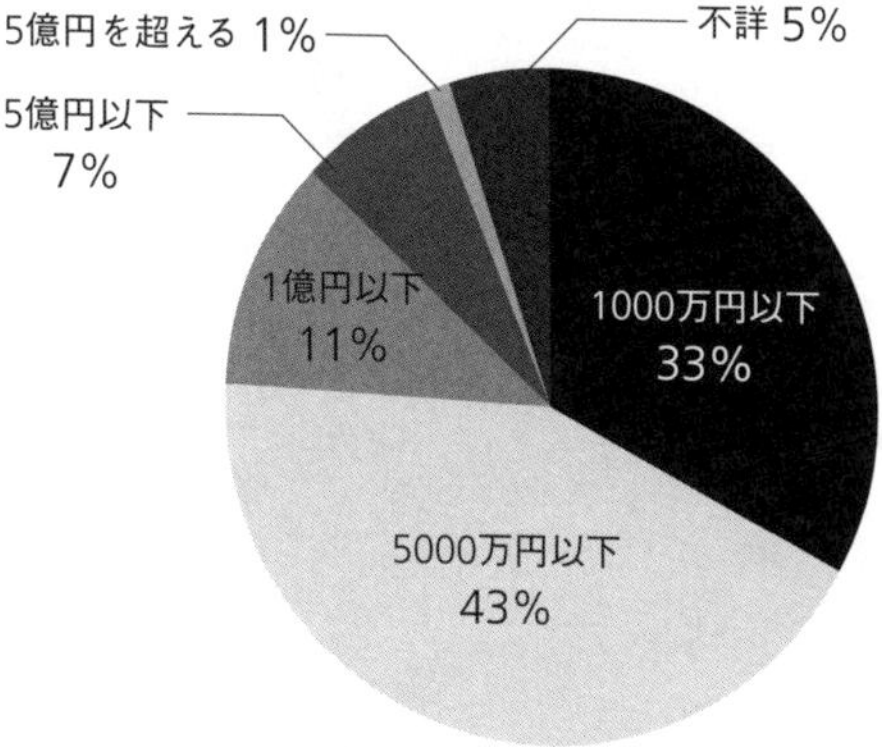

遺産分割事件のうち認容・調停成立件数と割合

	件数	割合
総数	7507	
1000万円以下	2476	33%
5000万円以下	3249	43%
1億円以下	832	11%
5億円以下	533	7%
5億円を超える	53	1%
不詳	364	5%

出典：司法統計年報（平成30年度）

第3章で、財産（お金）の話と同じくらい、介護や終末医療については親とじっくり話し合っておく必要がある、とお話ししました。それは、本人が「自分らしい人生」を全うするためであるのはもちろんですが、介護の失敗が相続トラブルの種になることが非常に多いからなのです。

Hさん（54歳・主婦）のケースです。Hさんは、夫を助け、2人の子どもの教育費を稼ぐために週5日、パートに出ていました。ところがある日、83歳の舅が心筋梗塞で倒れ、介護が必要となったのです。78歳の姑は元気ですが、ヘルパーの手を借りるとはいえ、ひとりで夫を介護する体力はありません。そこで、姑から子どもたちにSOSが出たのです。

Hさんの夫は、兄と弟の3人きょうだい。兄は遠方で暮らし、弟にいたっては外国暮らしです。それにひきかえ、Hさん家族は実家から電車に乗って1時間ほどの街で暮らしており、介護に通えない距離ではありません。

夫はやさしい人で、両親を助けたい。でも、2人の子どもを大学に進ませてやりたいので、仕事をやめるわけにはいきません。そこで、Hさんがパートを週2日に減らし、舅の世話に通うことになりました。

舅は、自宅での介護に満足し、Hさんにもいつも「ありがとう」と感謝の言葉を口にしていたそうです。そして、倒れてから2年後に亡くなりました。

夫の両親は老後のためにお金を貯めていて、舅の介護にまつわる費用はそのお金で賄うことができました。私が前提としている、「介護の費用は親のお金で」が守れたわけです。子どもに迷惑をかけることなく逝った舅は「さすがだな」とHさんも感心し、介護の手伝いができたことをうれしく思っていました。

ところが、です。舅の遺産をめぐって、夫のきょうだいとの間に問題が起きたのです。

夫の兄と弟は、「母親が半分相続して、残りは子ども3人で平等に分けるべき」と主張しましたが、Hさん夫婦は納得がいきません。なぜなら、Hさんは舅の介護のためにパートを減らしたために収入が減り、子どもの教育費をつくれなくなってしまったのです。その上、2年間、実家との往復の交通費もすべて自己負担。その結果、H家が本来貯えられたはずのお金が、父親の介護のために消えてしまったのだから、「少し多めにもらいたい」と、兄と弟に申し出ました。

しかし彼らは、「そんなのはそっちの家の事情だろう。俺たちには関係ない」と言って譲らず、遺産分割協議は暗礁に乗り上げたままに。正直なところHさんは「もう、いい」と思っていますが、夫は「冗談じゃない。あいつらに負けてたまるか」の一点張り。その様子を見て「きょうだい、あんなに仲がよかったのに」と涙する姑が気の毒でしょうがないと、Hさんは胸を痛めていました。

実は、この話をしてくれたHさんは、前述したようにパートを減らしたことで、教育資金の積み立てが当初の予定とは大幅に違ってしまったため、進学費用をどうしたらいいのかのご相談に来た方です。再度ご相談にいらした時に、その後の話を聞きました。

その後まもなく、お姑さんが心労もあってひどく体調を崩し、入院。場合によっては、このまま亡くなることもあると医師に言われたため、遺産分割を急ぐことになり、母親のために泣く泣くHさんの夫が折れて、子どもたちはそれぞれ６分の１を相続しました。そうした経緯があったので、回復して実家に戻った姑がＨさんを呼んで、こっそりへそくりの１００万円を渡してくれたのだそうです。Ｈさん夫婦の溜飲は少し下がりましたが、きょうだいの仲はこじれたままです。

Ｈさんの家のような事態を防ぐにはやはり、父親の介護が始まった時点できょうだいで話し合うべきでした。できれば介護が始まる前に、誰かひとりが父親の面倒を見ることになったら、手間ひまがかかり、そのために収入も減るので、遺産分割の際にはその分を考慮しよう」と話し合うことが必要だったのです。

おかしなもので、目の前にお金がなければ案外、「そりゃそうだよ。おれたちは面倒を見ることができないから、やってもらえて感謝するよ」という話になり、すんなり受け入れてくれることも多いのです。しかし、そうした話し合いが一切なされていないと、Ｈ家のようなことになってしまう。そういう例をこれまでにいくつも見てきました。

実は遺産分割というのは、必ずしも「法定相続分」どおりに分けなくてもいいのです。これは多くの人が誤解していることなのですが、遺産相続は「法定相続分が基準」ではないのです。

民法の第906条に、遺産の分割は遺産の種類（土地なのか預貯金なのか）や各自の年齢や置かれている生活状況や体の状況などを勘案して、自由に分けていいですよ、と書いてあります。血の通った条文で私は好きなのですが、ご存じない方が多いようです。

第906条【遺産の分割の基準】
遺産の分割は、遺産に属する物又は権利の種類及び性質、各相続人の年齢、職業、心身の状態及び生活の状況その他一切の事情を考慮してこれをする。

民法に定める法定相続分は、相続人の間で遺産分割の合意ができなかった時の遺産の取り分であり、必ずこの相続分で遺産の分割をしなければならないわけではありません。家族の納得した分け方が一番なのです。

相続を家族で争い合う「争族」にしないためにも、親の介護やその後のことについて、できれば親が元気なうちに子ども同士で話し合っておいてください。その際には、エンディングノートのことも忘れずに。転ばぬ先の杖、とても重要です。

不動産の名義はいますぐ確認しよう

相続人が多い場合、預貯金（現金）の分割に加えて、家や土地など不動産の相続はどのようにしたらいいのか、家族にとっては心配の種でしょう。

２０１８年7月、約40年ぶりに「相続法」が改正されました（施行は２０１９年から）。さらに、２０１９年2月、法務省は不動産の相続に関して法制度の見直しを打ち出しました。

その背景には、所有者がわからない土地や家が全国的に増え、社会問題化していることがあります。具体的には、登記上の所有者と連絡が取れなかったり、すでに死亡していたりするケースが急増しています。

所有者不明の土地は、活用しようにもできません。それを何とか有効活用したい、今後はそういう土地や家を増やしたくない、というのが、法改正の狙いです。それによって、これまで任意となっていた不動産の相続登記を義務化する方向となりました。

相続登記が任意だったことで、具体的に何が起きているかというと、たとえば親の死後、自分が相続して所有するものだと思っていた土地の登記簿を取ってみたら、何代にもわたって相続登記が行われておらず、所有者は名前も知らない先祖だったということもあります。

また、亡くなった親の家の整理をしていたら、祖父の名義で固定資産税の請求が来ていたというケースも。これは、祖父が亡くなった時、父親が相続登記をしていなかったからです。

実家が相続登記されていないと、遺された子どもに思わぬ災難がふりかかることがあります。相談者のEさんの例です。

Ｅさんはひとり息子。ひとり暮らしをしていた父が亡くなり、家と土地を相続することになりました。ところが、名義は何と曾祖父になっていました。祖父も父親も相続登記をしていなかったのです。

さあ、大変です。この土地建物をＥさんが相続するためには、さかのぼって曾祖父が亡くなった時の相続のやり直しをしなくてはなりません。そうしないと、Ｅさんが相続する手続きを進めることができないからです。そのためＥさんは、曾祖父が亡くなった時の相続人を探し出し、「相続放棄をしてください」と頭を下げて印鑑をもらう必要がありました。相続人は曾祖父の子どもたち、祖父とそのきょうだいですが、全員が他界しているので、それぞれの子どもたちに代襲相続されます。祖父は６人きょうだいの５番目。そのうち子どもがいるのは、祖父と祖父の姉２人の３人で、それぞれの子どもか孫が相続人となります。相続人に連なっている名前を見ても、Ｅさんには誰だかわかりません。戸籍をよりどころとしてひとりずつあたろうにも、本籍地と住所地は違うので、住んでいる場所を探すのにひと苦労でした。

役所に何度も足を運び、相続人を訪ねるために遠方まで行き、遠縁の親戚にぺこぺこ頭を下げ……。「時間と手間とお金をずいぶん損した」とEさん。そこまでしたのに、家や土地が売れなかったらどうしようと、不安が何度も襲ったと言います。

Eさんは、曾祖父の名義のままであることを知った相続当初から、どのようにしたら、土地と建物を売却できるかと私のところにご相談にみえたのでした。相続のやり直しや戸籍謄本の取り方などをアドバイスし、時間はかかりましたが、不動産コンサルタントの力も借りて、物件は無事に売却することができました。

ただ、実際に売却できた価格は、当初Eさんが思ったほどにはなりませんでした。これまでにかけた費用は何とか回収できましたが、労力に見合った額を手にしたかといえば、さて、どうでしょう。「達成感は得られたので、よしとします」とEさん自身は納得されていましたが……。

Eさんのような目に遭わないためにも、エンディングノートを書く際には、登記事項証明書（登記簿謄本）を取り寄せたり、インターネットで登記情報を取り寄せるなどして、実家の家や土地の名義を確認しておきましょう。父親（もしくは母親）が、相続登記をうっかり忘れている可能性がないとは言えません。

もし、名義が両親以外の人だったら、いますぐに相続の遺産分割をやり直す必要があるでしょう。よくわからなければ、専門家に相談に行きましょう。

相続の遺産分割協議をやり直す場合、親が存命で記憶も意識も確かであれば、その人たちに関する情報も得やすいですが、親が生きていてこその親戚づきあいだとしたら、亡くなってからでは連絡が取りづらくなるでしょう。心理的にもいきなり相続放棄を頼むのはどうか……と躊躇《ちゅうちょ》してしまうかもしれません。

ですから、早ければ早いほどいいのです。とにかく急ぎましょう！

空き家の放置で思わぬ事態も

なお、実家に戻って暮らすつもりはないけれど、せっかく親が遺してくれた家だからとか、いつかは売るかもしれないけれど……などと考えて、空き家を放置している場合、覚えておいていただきたいことが1つあります。

世界的な気候変動の影響で、日本も年々、大きな災害に見舞われるようになりました。2019年にも、台風が来るたびに「観測史上最大級」を更新して、各地に甚大な被害をもたらしたことは、記憶に新しいと思います。

その際、「隣家の屋根瓦が風で吹き飛ばされ、ガラス窓を突き破って家の中に飛び込んできた」といったようなニュースがありました。テレビで「屋根瓦などが風で飛ぶ危険に備えるように」と繰り返しアナウンスされていたので、その「隣家」に住人がいれば、何らかの手立てができたかもしれません。

しかし、「隣家」が、空き家にしている自分の家だったとしたら、自分自身は台風の被害に遭っていなくても被災したことになり、しかもよそのお宅に迷惑をかけてしまった……ということも十分あり得るでしょう。そうなったら、補償の問題が生じ、思いがけない出費に泣かされることになります。

本来、台風や強風の自然災害で、屋根瓦が飛んで隣の家に被害を与えた場合、加害者である家の持ち主は、原則として不法行為に基づく損害賠償責任を負わないので、隣家の修理代の支払義務はありません。ですが、きちんとした管理がなされていなかった場合、台風による不可抗力であったとしても、そのせいで他人の持ち物や他人に被害を与えてしまうと、損害賠償の責任を負うことになります。

台風に襲われなくても、家は人が住んでいないとあちこち傷むもの。空き家を持ち続けること＝大きなリスクを抱えること、と言っていいかもしれません。自治体によっては「空き家バンク」を設け、空き家の所有者と活用を希望する人のマッチングを図っているところもあります。その他、空き家を活かして町おこしや地域活性化につなげようとしている民間の活動もあります。空き家を持て余しているだけでなく、その町で何が起きているのか、地域そのものに目を向けてはいかがでしょうか。

「相続放棄」をする時の注意点

親が家や土地を遺してくれても、自分はすでに他の土地で暮らしているので売却するしかない。売るには建物を解体して更地にする必要がある。それに、売れたとしても大した額ではないし、もし売れないとなったら、自分が延々と固定資産税を払い続けなければいけない……そう考えて、相続放棄をしたいと考える人もいるでしょう。その場合、家庭裁判所に赴いて手続きをする必要があります。

相続放棄できる期間は、「自分が相続人になったことを知った時点から3か月以内」です。「親が亡くなってから3か月」ではないので、ご注意を。絶縁状態で、親が亡くなったことを知らなかった子どもの場合、その死を知らされた時が「相続人になったことを知った時」になります。

たとえば、父親が事業のために多額の借金をして亡くなった場合、土地や預貯金を債務にあてたとしても足りないほどの額のため、母親を含め、子どもたちも全員相続放棄をしたとするとどうなるでしょうか？

その父親には、妻も子どももいなかったとみなされ、相続人は父親の両親に、両親がすでに他界している場合には父親のきょうだいになります。きょうだいたちは、その父親が亡くなったことは知っていても、多額の借金があって、家族全員が相続放棄をしたことを知らされていなければ、自分たちが相続人になったことは知る由もありません。

残念ながら、「ご家族が相続放棄をしたので、あなたが相続人になりました」というようなことは役所は知らせてくれませんので、ある日突然、債権者から通知が届いて、自分が相続人になっていたことを初めて知るというケースが多いのです。

亡くなってしばらくして、多額の借金があって自分が債務者であるという知らせが届いたら、動揺してしまうと思いますが、大丈夫です。相続放棄は、「相続人になったことを知った時」から3か月ですので、直ちに手続きをすれば、借金を相続するようなことはありません。このようなケースで自分が相続放棄をしたら、自分の子どもに相続権が移るのではないか、と心配する人も時々いますが、きちんと相続放棄の手続きを済ませれば、亡くなった人のきょうだいの子どもたちに借金の督促が行くようなことはありません。

相続放棄をする際には、多額の借金を親戚に知らせるのは、恥ずかしいと思うかもしれませんが、亡くなった方のきょうだい（自分たちの次に相続人になる人）には、相続権が移ることを知らせるべきです。あまりつきあいがない関係だとしても、事情を説明して一緒に相続放棄をしてもらうなど、連絡を取り合うことが大事です。そうしなければ前述したように迷惑をかけてしまいますから、相続権が移るとは思っていなかったで済まされる問題ではありません。

ここで法定相続人の順位をおさらいしておきましょう。

第1順位　子ども（子ども死亡の場合にはその代襲相続人である孫）
第2順位　親（両親が死亡している場合には祖父母）
第3順位　きょうだい（死亡しているきょうだいの場合には、その子）
※配偶者は常に法定相続人となります。

相続放棄をするつもりであれば、亡くなった人の財産を使ったり処分したりすることは避けましょう。財産に手をつけた段階で、「単純承認」（相続をすることを認めた）したとみなされるからです。でも、葬儀費用はどうでしょうか？

すぐにでも必要になりますね。判例では、亡くなった方の生活からみて分相応の葬儀であれば、亡くなった人の財産から支出しても「相続財産の処分」にはならないので、相続放棄には影響しないということになっています。ただし、あくまで亡くなった人の生活レベルに合わせた「分相応の葬儀」の範囲でのこと。葬儀費用ならいくらでも使ってよいというわけではないので、ご注意くださいね。

相続放棄について、もう1点、注意したい点があります。

それは、名称が似ていて紛らわしいのですが、「相続分の放棄」と間違えやすいということです。相続放棄と「相続分の放棄」は大きく異なります。

相続放棄は、はなから「遺産はいりません。私は家族として存在しなかった人間としてください」ということを表明するもので、相続後3か月以内に必要書類をそろえて、家庭裁判所に申述書を提出する手続きをしなければなりません。それが裁判所で受理されて、初めて法的に放棄したことになります。

一方、相続分の放棄というのは、相続人として遺産分割協議の際に「私の取り分は0円で結構です」というもので、相続財産を受け取らなくても、負債があれば相続人としての責任を負うことになります。

相続法の改正で、もめごとは少なくなる？

前述したとおり、2018年に「相続法」が改正されました。改正の主な内容は次の通りです。

- 配偶者居住権の創設
- 預貯金の払い戻し制度の創設
- 自筆証書遺言の方式緩和（自筆証書遺言に添付する財産目録の作成がパソコンで可能に）
- 自筆証書遺言の保管制度の創設（法務局で自筆証書による遺言書が保管可能に）
- 遺留分制度の見直し
- 特別の寄与の制度の創設

この中でも私が一番気になっているのは「特別の寄与の制度の創設」です。これによって、被相続人の介護や看病で貢献した親族は、相続人でなくても金銭を要求することが可能になりました。

たとえば、親が死亡した場合、子どもなどの法定相続人は被相続人の介護をまったく行っていなかったとしても、相続財産を取得することができました。他方、長男の妻などはどんなに被相続人の介護に尽くしても、相続人ではないため、相続財産の分配にあずかれません。この不平等感をなくそうというのが、今回の改正の趣旨です。

しかし、遺産分割の手続きが過度に複雑にならないよう、遺産分割は現行法と同じまま相続人だけで行うこととしつつ、相続人に対して金銭の請求を認めることとしただけなので、介護をしていた人が確実に報われるようになるかというと……相当ハードルは高いのです。

まず、「特別寄与者」になれるのは、相続人ではない親族です。民法上の親族は、6親等内の血族、配偶者、3親等内の姻族のことですので、事実婚の妻や家政婦などが介護や看病をした場合は、特別寄与者にはなれないということになります。

特別寄与とは、「無償で療養看護その他の労務の提供をしたことにより、被相続人の財産の維持又は増加について特別の寄与をした場合」です。しかし「通常期待される貢献を超える必要」があるとなると、どこまでの貢献が特別の寄与として認められるのでしょうか？　また、「無償で療養看護その他の労務の提供をしたことによる」ということは、無職で介護をしていた方が、生活費など労働の対価を受け取っていた場合には請求できなくなります。

さらに、「請求は協議による」となっていますが、この請求によって相続人の相続財産は減ってしまうわけですから、相続人たちがすんなりと請求額を認めるとは思えません。相続人同士でトラブルが起きることも予想されます。

協議が成立しない時は「相続の開始を知った時から6か月または相続開始の時から1年以内に家庭裁判所に特別寄与料を請求することができる」ともありますが、家庭裁判所に申し立てをするにしても、被相続人への貢献度合いを考慮してもらえるだけの判断材料が必要となるでしょう。
そのためには、日付や出費のわかる介護日記などの記録、薬代やおむつ代、タクシー代など交通費のレシートや領収書、被相続人とのメールなどでのやりとりなどの記録が残っていないと、判断材料と認められない可能性があります。
介護した人がちゃんと報われる制度になるかと思ったのですが、詳しく知れば知るほど、請求はできても相続人の合意が得られずに、かえって新たなトラブルの種になりかねないと不安になります。たとえ、家庭裁判所に請求したとしても、特別寄与についての認識が違えば、結局のところ、金銭の支給はないのかもしれないなあとも思うのです。「期待させたけど、実はできませんでした」という残念な制度にならないように、細やかな調整がほしい改正です。

最善の方法は生前の「遺言書」だけれど……

相続トラブルを避けるには、「相続する財産は何か、相続する人は誰か」を、できる限り詳しく整理して決めておくことが大切です。それらのことがエンディングノートに書かれていたら、あるいは手紙という形で残されていたら、いずれも法的効力はないものの、いざという時に役立ちます。

最善の方法は、被相続人の存命中に遺言書を書いてもらうこと。これに尽きるでしょう。

親にエンディングノートを書いてもらうだけでも大変だったのに、遺言書なんてハードルが高すぎる……と思うでしょうか。たしかに、遺言となると、親の表情が少し険しくなるかもしれません。

遺言には、自筆証書遺言（自筆で書く遺言）、公正証書遺言（遺言書を公正証書にしたもの。公証役場で作成する）、秘密証書遺言（公証役場で作成手続きをするが、遺言内容は公証人にも知らされない）の3種類があります。

一般に、遺言書として多く使われているのは、自筆証書遺言でしょう。自筆証書遺言の場合、財産目録を含めて全文を自書する必要があり、預金通帳のコピーを添付するのもNGでした。

しかし、2018年の法改正によって、財産目録はパソコンで作成したものでもよくなり、通帳のコピーもOKとなりました。

目録以外の、遺言の本文、日付、氏名は自分で書き、押印する必要がありますが、部分的にでも「自書でなくてもOK」と聞くと、少し気持ちが軽くなるような気がします。

実際に私がお受けしている「遺言作成」のご相談では、遺言を書かなくてはいけないとわかってはいるが、どこから手をつけたらよいのかわからないので、今日まで手をつけてこなかった、という方がほとんどなのです。

何を決めたらいいか、どう書いたらいいかわからないから、書きたくない気持ちも後押しして、先延ばし。こういう図式です。もしかしたら、みなさんの親御さんも書きたくないわけではないのかもしれませんね。

次のような流れで、一緒に遺言をつくってみてはどうでしょうか。

実際に私が一緒に遺言をつくるお手伝いをしている時の手順ですので、参考にしてみてください。

まずは、相談者の相続に関する悩みをうかがって、整理していきます。何が心配なのか、気がかりなことは何か。同時に、相談者自身がこれからやっていきたいこと、人生のラストステージに向けて、どのようなお金の使い方をしていきたいのかをじっくりうかがいます。その上で、自分が亡くなった後、家族にどういう暮らしをしてほしいのか、希望を聞いていきます。

それから、自筆証書遺言の下書きを一緒に作成する作業に移ります。

その際に、これからつくっていく遺言が必ずしも決定稿ではないということを確認します。いまの時点でこう考えているというまとめに過ぎないことを理解してもらってから進めます。そうお話しすると、「遺言をつくる」ハードルが一気に下がって、緊張感も解けるようです。

次に財産を洗い出していきます。エンディングノートにまとめてあるのなら、それを使います。財産を1つ1つ見ながら、相談者の希望を叶えるには、どのような財産の分け方があるのかを探っていきます。同時に相続税を払う必要があるのかないのかも見ていきます。

抱えている問題を解決するには、遺言だけでなく、前章の民事信託を使うことが必要になる場合もあるでしょうし、財産によっては、生前贈与などの節税対策の必要も出てきます。これらの対策も同時に進めながら、遺言をまとめていきます。

遺言は、財産のすべてについて書いておかなければならないわけではありません。自宅の相続のことだけでもよいですし、先祖代々のお墓を守ることだけ書いてもよいのです。小さなことから決めていくことで、少しずつ進んでいきます。

その後、いま現在の考え方としてまとめたものを、遺言の形にして書いていきます。書き終えると、しばらくは下書きのままでいいという人もいますが、多くの方はせっかくだから、法的に有効になるように仕上げたいとおっしゃいます。

その場合は、遺言として最低限必要なルールをお伝えし、書き方の見本を提示して、自筆で書いてもらいます。書き上げたら、司法書士さんに法的な遺言として問題がないかをチェックしてもらって、完成です。

できるだけ字を間違えないように書いてもらいますが、誤字などはどうしても出てきます。その場合、間違いはそのままにして持参してもらい、司法書士さんにその場で訂正の仕方を教えてもらって完成させるので、「間違っても大丈夫」と安心して書いてくることができるようです。

ここまでで3～4回は面談し、ヒアリングしたりアドバイスしたりして、作成をサポートしています。

もし、親が「遺言書をつくるのって面倒なんじゃないか？」「弁護士を頼まなくちゃいけないいんだろう？」ということでためらっているなら、こんなふうに遺言ってつくれるんだということを伝えてみてください。時間はかかりますが、納得のいく遺言を書くことができると思います。

遺言に関して、相続人の権利関係で悩んだりしたら、司法書士や弁護士などに相談したほうがいいでしょう。もちろん、私のように相続問題を扱っているファイナンシャルプランナーでも相談に応じることができます。

困ったことがあったら、悩んだり迷ったりしていないで、専門家に相談しましょう。それも、できるだけ早い段階で。そのことを、ここであらためてお伝えしたいと思います。

おわりに

最後までお読みいただき、ありがとうございました。

お金は、人生を楽しく、心豊かに送るためのツール。当然、そこには人の「気持ち」が大きくからんできます。お金の問題を解決しようとするなら、まずは「気持ち」をほぐすことが大事です。そのお手伝いをするのが私の仕事。「マネーセラピスト」と名乗っているのは、そのためです。

先日も、こんなことがありました。父親が遺してくれた資産のことでご相談に来られたUさん。家族との関係は良好なのに、遺産分割協議の段になったら母親の態度がはっきりせず、話がなかなか進捗しないのだとか。「遺品整理も進まなくて」と嘆いていました。

「父親の古いセーターを、『あなた、これ、似合うと思うんだけど』と言って兄に着せようとするわけですよ。そんな調子だから、クローゼットの中が全然片付かない。『いまどきそんなの着られるわけないじゃない。処分するしかないわよ！』と言っているんですけど」

Uさんの気持ちはよくわかります。言っていることも、間違いではないでしょう。でも、この場合は、長年連れ添った夫を亡くした母親の気持ちを最優先することが大切なのです。

まずは、「そうね、じゃあお兄さん、もらっていって着ればいいわ」と言ってとりあえず持ち帰り、あとでこっそり処分すればいい。とにかく、お母さんにやさしく接してほしい。そうアドバイスしたところ、後日Uさんから、「これまでがウソのように、話がスムーズに進み始めました」とうれしい報告がありました。人の気持ちってそういうものなのです。

これまで読んできていただいておわかりだと思いますが、介護、相続についてはとにかく早く準備を始めてほしいと思います。

なぜならば、子どもが知りたい親の資産は、聞きだすのに時間がかかるからです。コミュニケーションが良好になって、お金のことを話すに足ると親に思われるまでに3年かかると思ってください。今からやっても間に合うかどうか、という人もいるのではないでしょうか？

親にお金の話を切り出しづらいし、言い出しづらい。気が重くなりますよね。その心情もよ～くわかります。私もそういう時期がありましたから。

でもね、こればっかりは、言い出せなくても仕方ないよね、とは言えません。手遅れで、誰も幸せになれない結末、というのを何度も見てきましたから。

ここを乗り越えたら、争族にはならず、親も子どもたちも幸せになれる！そう思って、もうひと踏ん張りしてください。

切り出せないのは、おそらく初めての体験だからですね。親が祖父母に対して、言いにくいお金の話を切り出していることを見たことがないから、どうしたらよいかがわからない、ということはあるかもしれません。親が、祖父母の相続を体験した時代とは、システムも制度も大きく違うので、お手本がない道なんですね。そこを進まなければならない不安もあると思います。

そういう不安に応えたくて、この本を書きました。参考書として活用してもらえたら、嬉しいです。

親へのお金の話を引き出すためのアプローチ法は、本書の事例以外にもたくさんあると思います。トライ&エラーを繰り返して、どのような方法がいいか探るしかないのです。ひとりひとり個性や性格、事情が違いますから、絶対的な正解はありません。とにかくやってみることです。

それでも、どうしても切り出しにくい、うまくいかない、ということであれば、ぜひ専門家に相談してください。私でもよいですし、お近くの独立系（金融機関に所属していない、保険の販売もしていない）のファイナンシャルプランナーに、思いきって相談に行きましょう。

自分のため、自分の家族の幸せのために、ひとりでも多くの方が本書を読んで勇気を奮い立たせてくれることを、切に願っています。

最後になりましたが、この本を出版するにあたって支えてくださった方々に感謝の意を伝えたいと思います。

私がこのような本を出すことができたのも、ご相談にいらしてくださったお客様のおかげです。問題解決にかかわっていく中で、たくさんの貴重な経験を積むことができました。また、民事信託の組成でいつも知恵を貸してくれたエンディングメッセージ普及協会の理事のみなさん、困った時にサポートしてくれたＷＡＦＰ関東（女性ＦＰの会）の仲間たちに、感謝の気持ちでいっぱいです。

筆が進まない私をクールに励ましてくださったポプラ社の倉澤紀久子さん、ご協力いただいた鈴木裕子さん、ああでもないこうでもないと揺らいでいる私を叱咤激励しつつも自信を持たせ続けてくれたアドバイザーの百武兼信さんには、感謝してもしきれません。

本当に、ありがとうございました。

安田まゆみ

やすだ・まゆみ

1955年東京生まれ。「元気が出るお金の相談所」所長、マネーセラピスト、ファイナンシャルプランナー、CFP®。雑誌編集、外資系損保代理店などを経て、96年からファイナンシャルプランナーとして活動を開始。相談は「お金の貯め方」から定年後のマネープラン、老後の財産管理、民事信託、相続問題まで幅広い。これまでの相談件数は7000件以上、全国各地での講演回数は1000回を超えている。毎週配信のメールマガジンやブログ連載などで情報を発信中。

＊安田まゆみの元気が出るお金の相談所
https://www.my-fp.net/

ポプラ新書
186

そろそろ親とお金の話をしてください

2020年2月10日 第1刷発行

著者
安田まゆみ

発行者
千葉 均

編集
倉澤紀久子

発行所
株式会社 ポプラ社
〒102-8519 東京都千代田区麹町 4-2-6
電話 03-5877-8109(営業) 03-5877-8112(編集)
一般書事業局ホームページ www.webasta.jp

ブックデザイン
鈴木成一デザイン室

印刷・製本
図書印刷株式会社

N.D.C.367/190P/18cm ISBN978-4-591-16615-4

P8201186

生きるとは共に未来を語ること　共に希望を語ること

昭和二十二年、ポプラ社は、戦後の荒廃した東京の焼け跡を目のあたりにし、次の世代の日本を創るべき子どもたちが、ポプラ（白楊）の樹のように、まっすぐにすくすくと成長することを願って、児童図書専門出版社として創業いたしました。

創業以来、すでに六十六年の歳月が経ち、何人たりとも予測できない不透明な世界が出現してしまいました。

この未曾有の混迷と閉塞感におおいつくされた日本の現状を鑑みるにつけ、私どもは出版人としていかなる国家像、いかなる日本人像、そしてグローバル化しボーダレス化した世界的状況の裡で、いかなる人類像を創造しなければならないかという、大命題に応えるべく、強靭な志をもち、共に未来を語り共に希望を語りあえる状況を創ることこそ、私どもに課せられた最大の使命だと考えます。

ポプラ社は創業の原点にもどり、人々がすこやかにすくすくと、生きる喜びを感じられる世界を実現させることに希いと祈りをこめて、ここにポプラ新書を創刊するものです。

未来への挑戦！

平成二十五年　九月吉日　　株式会社ポプラ社